中公文庫

エッセイの書き方

読んでもらえる文章のコツ

岸本葉子

中央公論新社

エッセイの書き方　読んでもらえる文章のコツ　目次

エッセイの書き方

読んでもらえる文章のコツ

序章　エッセイを書くとき、頭の中で起きていること

エッセイを書くことを仕事にして、30年ほどになります。始めるにあたって、ないし途中でも、エッセイの方法を、体系的に学ぶ機会は、ありませんでした。

エッセイを書くための、確立された方法論があるのかどうかは、わかりません。

私について言えば、書くことを続ける中で、こうすればエッセイとして成り立つかなと、なんとなくつかんできたものはある気がします。文章を最初に読んだ編集者の人に、ここはわかりにくいと指摘された、あるいは読者の方から、書き手の私が思うのとは違う意味にとられた、といった経験を通してです。

わかりにくいという指摘、違う意味にとられた経験、それらは、書くことが仕事でなかったら、聞き流していたかもしれません。自分の文章だから書きたいように書く、わからないならわからない方が悪いのだ、読み誤る方が悪いのだ、そうした態度を、もしとっていたならば、私のエッセイは次第に読まれなくなり、書く場を与えられなくなり、続けられなかったでしょう。

読み手からの自分の文章に対する反応を受け止めつつ、何をどう文章にしていけば

エッセイになるのか、模索してきました。他の書き手には、別の模索の軌跡があって、つかんできたものも、私のそれとは異なるかもしれません。

この本では、私がエッセイをどのように発想して、どのように読みやすさを心がけているかを、自分の作品に即して語ります。

それは私にとっては、日々の仕事の中で半ば習慣化していることです。エッセイを書くとき、私の頭はある態勢をとって、働きはじめるのだと思います。

これから行うのは、エッセイを書くとき、頭の中で起きていることを、自分でとらえ直し、分析し、言語化し、整理する作業です。

エッセイする脳を解剖する試みとも言えます。

なお、ここでいうエッセイは、長さが800字から1600字までのものを前提とします。エッセイの依頼は、400字詰めで何枚程度といった形で、いただくことが多いです。二枚から四枚のケースが大半です。ここでもそれに準拠して、800字から1600字ぐらいの文章量のエッセイをまとめることを念頭に置いて、お話しいたします。

第一章

テーマは連想の始動装置

――「私」と「公共」の往復運動

何を、どのように書くか

■エッセイの基本要件

初めに、エッセイとは何か。何をどのように書くものか。これは考え詰めると、非常に簡単な定義ですが、次のようになります。

エッセイとは、

A「自分の書きたいこと」を、

B「他者が読みたくなるように」書く。

「何を」にあたる部分がA、「どのように」にあたる部分がBです。

非常に単純な定義ですけれども、非常に重要なことです。この本を通して、私の語ることは、すべてここに発しています。

話が進むにつれて、より細かいポイントにわたっていきますが、そうした細かいポイントもすべて、このAとBを全体とする、全体のうちの部分であることを、忘れないでください。

A「自分の書きたいこと」を。文章表現の動機は、ここにあるでしょう。対して、B「他者が読みたくなるように」。こちらは、おろそかにされがちです。けれども、このBこそが、エッセイを成り立たせます。ブログとエッセイを分けるのも、このBです。「自分の書きたいことを、自分が書きたいように書く」では、エッセイにはなりません。

何をどのようにのうちの、「どのように」においては、「自分が書きたいように」よりも、「他者が読みたくなるように」の方が優先されます。数学の記号を用いるならば、

他者が読みたくなるように＞自分が書きたいように

これが大前提です。

このことを別の方面からとらえてみます。A「自分の書きたいこと」を、はすなわち「私」。B「他者が読みたくなるように」、これは対比して整理すれば「公共」とで

もいうべき性格です。

A「自分の書きたいこと」を＝「私」

B「他者が読みたくなるように」書く＝「公共」

私個人のことを、公共、すなわち、自分のことを個人的にはまったく知らない不特定多数の他者に、伝わるように書く。自分のことを個人的にまったく知らない不特定多数の読み手に、この文章で伝わるかどうか、を意識しながら書く。これがエッセイの基本になります。

エッセイを書くとき、頭は、Aの「自分の書きたさ」、だけにとりつかれていてはいけない。かといって、Bの「他者が読みたくなるように」のことばかりになってもいけない。AとB、「私」と「公共」の意識の間を、行ったり来たりしながら書く。その行ったり来たりの往復運動が、なるべくスムーズにいくように、自分を訓練していくわけです。

学習で高められるもの

■他者が読みたくなる要件

エッセイの基本要件のうちのBの方、「他者が読みたくなるように」を、もう少し考えてみます。他者が読みたくなるためには何が要るか、その要件です。

大きく分けて二つあると思います。①は「読みやすい文章であること」。これは誰もが考えつくでしょう。一見して読みにくそうだと、たちまち読む気をなくす。この要件については、学習によって高めることができます。

他者が読みたくなるための要件の二つ目。②「興味の持てる題材であること」。こちらの要件についても、学習が効かないわけではありません。しかし、①の要件に比べて難しい。学習によって高めることのできる度合いは、①の方が高い。

あるところで、人に紹介されました。「こちらの岸本さんは、エッセイストなんですよ」と。すると、紹介された人から返ってきた反応は、「エッセイストなんて職業があるの？　エッセイって、ほかに何か専門のある人が書くものではないの？」

これはなかなか、核心をついた発言ではあるのです。世の中でエッセイを目にすることのある人を思い出してみると、たしかにエッセイだけを書いている人は少ない。別のことで著名な人、もしくは数が多くない職業に就いている人によるものが多い。著名人や、数の多くない職業の人については、他者は、この人ってふだんどんな暮らしをしているのか、そういう仕事っていったいどんなふうなのかと、知りたい、覗き見したい、好奇心をそそられる。

すなわち、読みたくなるための要件として挙げた①②のうち、②の「興味の持てる題材であること」を、非一般人というべきか、そうした人たちは、おのずから備えています。その人たちが、要件のもう一つである①「読みやすい文章」を書けるのであれば、なおのことエッセイが成立しやすいのです。

けれども一般には、他者が興味を持てるような題材を、そうそう備えてはいません。私も同様です。私にはこれといった、特別な専門はありません。読みたくなるための要件の②の方は、もともとはない。

Ｂ「他者が読みたくなるように」、の二つの要件
①「読みやすい文章であること」……学習によって高められる。
②「興味の持てる題材であること」……学習によって高められなくはないが、①に

比べて難しい。

そうした私にとって、とり得る方法は、二つです。一つは、ふつうの生活の中でも、なるべく他者に興味を持ってもらえそうな題材を探す。特別な専門はない自分であることを承知した上で、②の要件を上げていく努力です。

もう一つは、①の「読みやすさ」という要件を高めていく努力の仕方は二通りですが、私に関しては、そうはいっても②の要件を上げていくのは限界があるので、①の要件の方に、ことにウエイトを置きました。

本書の後半では、読みやすさへの工夫について、かなり細かな話になります。それは、こうした理由から、私が必然的に工夫せざるを得なかったためです。

テーマは連想の始動装置

■テーマと題材の関係

要件の話は一区切りして、次に、テーマについて考えます。ことに、題材との関係において、考えます。

テーマとは何か。小学校のときの作文を思い出してみてください。例えば母の日を前に、お母さんについての作文を書きなさいと言われたとします。申すまでもなく、そこでのテーマは「母」。また別の例を挙げますと、お茶の会社が募集している懸賞エッセイで、お茶を飲んでくつろぎをおぼえたひとときについて何百字でまとめてください、とあったとします。そこでは「お茶のあるくつろぎ時間」がテーマです。今の私の仕事では、「ひとりの楽しみ」「私の健康法」「私に影響を与えた本」、そういったテーマが、与えられることが多いです。

テーマとは、そういうもののことだと、ざっとつかんでおいていただいた上で、では、題材とは何か。

テーマが与えられたならば、与えられたテーマにそって、何を書こうかと考える。その何を、にあたるものが題材です。

さきほどの例で、「母」というテーマが与えられたなら、そのテーマに対して、自分のお母さんの何を書こうか。「お茶のあるくつろぎ時間」がテーマなら、お茶を飲んだときで、どんなときのことが印象に残っているか、何か印象的なエピソードはないか。「私の健康法」がテーマだったら、健康法といえそうなものを自分は何かしているか。そのように、テーマから連想される、具体的なシーンを思い描きます。題材を連想する始動装置として、テーマを働かせるのです。

テーマで示される、いわば概念。それについて、例えば「母」とは何だろう、「くつろぎ」って何だろう、「ひとり」って何だろう、「健康とは」何だろうといったふうに概念そのものを、頭の中でいくら転がしていても、始まりません。

概念ではなく、そのテーマで書ける具体的なことは何かを考える。すなわち、

テーマ＝一般的、抽象的
題材＝個別、具体的

このように整理できます。

さきほど、テーマが与えられたならば、と言いました。エッセイでは、テーマが与えられている場合と、与えられていない場合とがあります。

私の仕事では、与えられている場合の方が多いです。九割方と言っていいでしょう。与えられるテーマは、必ずしもすごく書きたいテーマではないかもしれません。作文で母というテーマを与えられて、お母さんについてなんて別に書きたくないのにな、と思ったご経験はおありでしょう。

でもエッセイでは、与えられたテーマの中で、題材の方でもって、エッセイの基本要件として最初に挙げた、

Ａ「自分の書きたいこと」を、

Ｂ「他者が読みたくなるように」書く。

のＡ「自分の書きたいこと」を、なんとかして実現していく。エッセイにおける題材は、そういうものであるのです。

付け加えるならば、テーマは確かに与えられている。でも、テーマをそのまんまなぞる文章では、Ｂの「他者が読みたくなる」ものにも、なりにくい。仮に最後まで読まれたとしても、読んだ感想といえば、「あ、そう」で終わってしまう。

この「あ、そう」という感想を、読み終わった後に持たれるのは、エッセイストにとって、とてもつらいことです。「あ、そう」とは、わざわざ読むまでもなかったな、という気持ち。しらける。そっぽを向く。そのときエッセイストは、Ｂの「他者が読みたくなる」を実現できていなかったことになるのです。

何よりこわい「あ、そう」

■落としどころは決まっている

さあ、ここが難しいところです。

さきほどテーマ＝一般的、と整理しました。もっと言えば、通りいっぺんのことなのです。でも読後感は「あ、そう」で終わりたくない。

通りいっぺん、とは、ちょっと乱暴な言い方なので、もう少し詳しく述べますと、私によく割り振られるテーマのひとつ、「ひとりの楽しみ」、このテーマを設定してくる人は、ひとりは楽しくない、と書くことを求めてはいません。ひとりは楽しくなんかない、惨めなだけ、そういうエッセイを期待して、このテーマを設定する人はいない。期待されるのは、ひとりも工夫次第で楽しい、気の持ちようで楽しい、というエッセイです。つまり、テーマが与えられている場合には、エッセイの落としどころは、ある範囲、ときによってはかなり狭い範囲に、決められてきます。

ただし、その落としどころへ、あまりにもそのまんま、テーマをなぞるように進めては、「あ、そう」と、しらけて、そっぽを向かれてしまう。落としどころに行き着くまでに、少々のはずしや、ひねりが求められる。

ほんとうを言えば、落としどころがもうわかっているんだから、臆面もなくそこに行ければ、楽ではあるのです。例えば「母」というなら、母がいかに苦労して自分を育てたか、母にいかに恩愛を感じているか、そういうことを何らかのエピソードで書いて、期待される落としどころへ、そのまんま行けるなら、楽だけれど、それは作文では許されるかもしれなくても、エッセイとしては、そうもいかない。

狭い狭い落としどころに行き着くことを期待されつつ、同時に、テーマに対してパターン化されたエピソードにならないことも、併せて求められるのです。

このように話してから、私のエッセイの例を引くのは、そうは言ってもパターン化されたエピソードじゃないかと思われそうでひるみますが、勇気を奮って出します。テーマを与えられたエッセイでした。私の快適生活術、というテーマです。そのテーマのもとで書いたのだなということを、頭に置いて読んでください。

おいしい水で

食材には、そこそこ気をつかっているつもりの私だが、あるときふと考えた。水にはまだ、改善の余地がある！

無農薬のお米なんぞを選んでも、水にいろいろ混入したりしていては、もったいない。

ミネラルウォーターの、二リットル入りペットボトルを、試しに一ダース購入した。

これがまあ、使うこと使うこと。お茶にご飯に味噌汁に。

野菜を洗うのにもペットボトルの水を用いるほど、太っ腹ではないから、もっぱら煮炊きにのみだが、それでもだ。

一日一本は、空にする。

水そのものを飲む習慣はない私でも、これほど摂取していたのかと驚く。蓄積は、大きそう。

で、同じお米でも、その水で炊くと、さすがおいしい……かどうかは、実はよくわからない。が、元手がかかっているのだ。そう思わねば、むなし過ぎる。

ミネラルウォーターにした、副次的効果は、コスト意識のめざめである。

前は、やかんに水が残っていると、次の朝、捨ててしまっていた。が、その調子で流しにあけようとし、

「いけない、買った水だった」

むろん、水道水とてタダではないし、一滴たりともムダにすまじきことに変わりはないが、財布の痛み方が、違うのだ。

お茶ひとついれるにも、あらかじめ計量して、わかす日々。自分のセコさを知ったのが、いちばんの「効果」かも。


（中公文庫『ぼんやり生きてはもったいない』所収）

■少々のはずし、ひねり

ミネラルウォーターを使うと、「同じお米でも、その水で炊くと、さすがおいしい」と言い切れるなら、楽ではある。でも、読後感は「あ、そう」で終わる。そりゃそうでしょうよ、と。

読み手には、ある範囲の落としどころに来ることを期待しつつ、あんまり当たり前

にそこへ行かれると反発をおぼえる、といった心理もまた、あるのです。

なので、ストレートに進めずに、

同じお米でも、その水で炊くと、さすがおいしい……かどうかは、実はよくわからない。

「わからない」は、おいしいことを、少なくとも否定はしていない、落としどころの範囲を逸脱はしていない。そして、「そう思わねば、むなし過ぎる。」と付け加えて、少なくとも自分ではおいしいと思おうとしている、落としどころの範囲に収めようとしている。

さらに、副次的効果の話が出てきます。「副次的効果」という言葉が出れば、主たる効果はあったことを、読者におのずと思わせます。「同じお米でも、その水で炊くと、さすがおいしい」と言い切ってはいないけれど、おいしくなるという主たる効果はあったことを、すでに前提として、その上で、副次的効果の話に入るのです。

それが、先ほど述べた少々のはずしで、「前は、やかんに水が残っていると、次の朝、捨ててしまっていた。」、けれども、買った水だから捨てられないとか、「お茶ひとついれるにも、あらかじめ計量して、わかす」とか、そういったエピソードまで入れ込むことで、「あ、そう」で終わらないエッセイに、どうにかこうにか成立させることができたかな、という例として、引用しました。

テーマと題材との関係、テーマとは、言ってしまえば、通りいっぺんのことであって、テーマを与えられたときに、どういう題材で書こうかと考えるのが、工夫のしどころということを、感じていただけたでしょうか。

では、その題材をどう決めるかの話に入ります。

起承転結の落とし穴

■「結」はそんなにだいじではない

文章には起承転結があると、教わってきたと思います。小学校か中学校か、国語教育のどこかで、教わったことでしょう。

そして、併せて教わったのは、文章の起承転結においては、「結」がとてもだいじですよと。私もそう教わってきました。

けれども、もし、それに従ってエッセイを書こうとすると、「転」のところでとても困ると思います。

先ほど述べたように、落としどころは、なんとはなしに決まっている。言い替えれば「結」、行き着きたい先は決まっている。なのに、途中でいっぺん「けれども」とか「しかし」といった「転」を入れないといけない、どうしよう、と。

「転」は、次のようにとらえられがちです。「けれども」や「しかし」といった言葉で始まるようなもの、話の方向を、そこで何かがらりと変えないといけないようなもの。「けれども」「しかし」のような逆接を、いったんここで入れないといけないと思うから、困ってしまうのです。

でも、エッセイにおいては「転」は、今述べた発想と違います。私がエッセイでいちばん特徴的だと思うのは、自分の書きたいことの中心を、「転」に持ってくることです。

この「転」こそが、題材であり、具体的なエピソードなのです。

「転」を「けれども」や「しかし」の逆接ととらえる考え方を、ここでは忘れてください。

起承転結という形こそとっているけれど、「転」にこそ、いちばん書きたいことが来る。くり返し出す図式ですが、

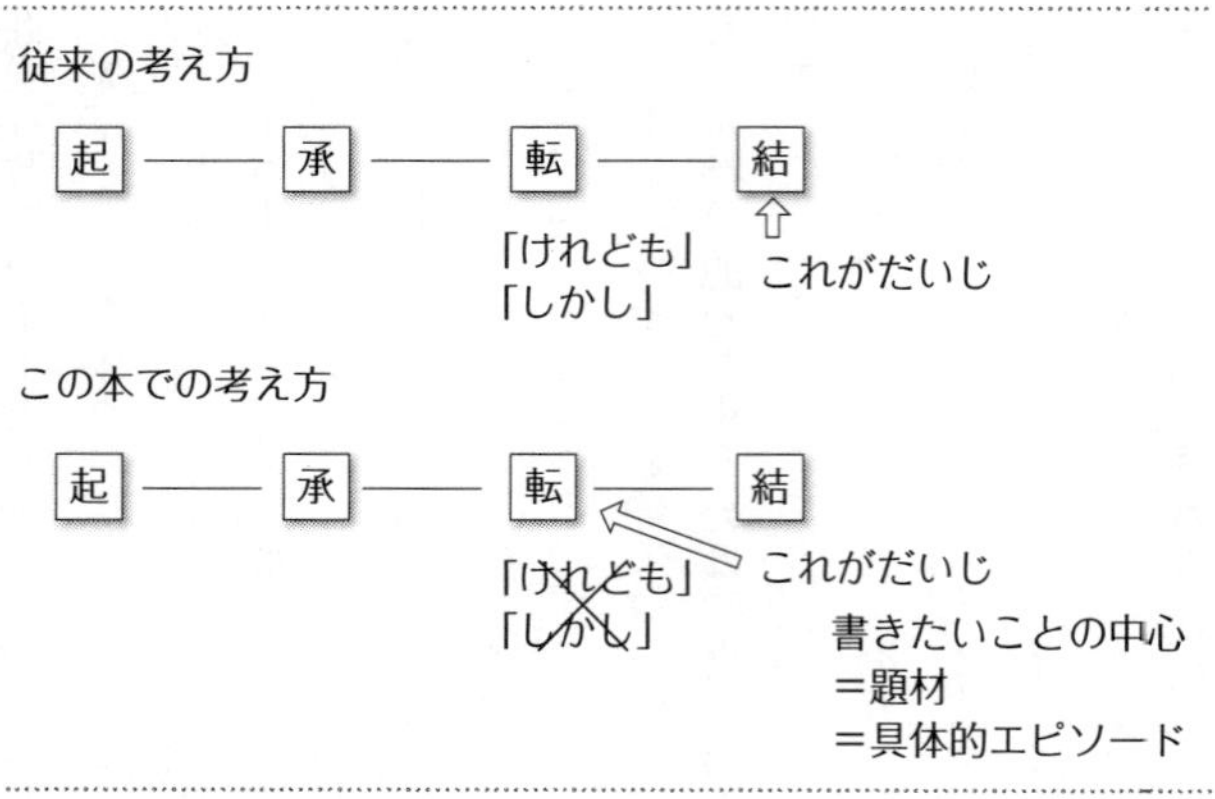

A「自分の書きたいこと」を、
B「他者が読みたくなるように」書く。

このAの中心を「転」に持ってくる。そのように発想します。

学校の国語教育ではいちばんだいじと教えられていた「結」。極論すれば、エッセイでは「結」はそんなにだいじではないと、私は考えています。

エッセイにおける「結」とは何か。これはテーマが与えられている場合と、与えられていない場合とで、少し違います。

与えられている場合は、このエッセイ全体がテーマと合っていることを、それとなく指し示すよう付け足すもの、ととらえます。

テーマが与えられていない場合の「結」は、どうとらえたらいいか。言ってしまえば、エッセイをそれらしくまとめるひとこと。自分がいちばん書きたい、「転」に持ってきたエピソードの据わりや納まりをよくするために付け足すもの。そんなふうにとらえておくぐらいでよいと、私は思います。

先ほどエッセイにとってつらいのは、「あ、そう」で終わってしまうことだと言いました。「あ、そう」で終わってしまいがちなエッセイは、何か。「起」「承」があっても「転」を欠いたものが、そうなりがちです。

「あ、そう」で終わらないエッセイは、「ある、ある」「へえーっ」「そうなんだ」が、エッセイの中にある。エッセイというのは、読者に「ある、ある」「へえーっ」「そうなんだ」と思ってもらえることを目指す文芸だと、私は考えています。

「ある、ある、へえーっ、そうなんだ」を目指す

■「転」が書きたいことの中心

この「ある、ある」が、すなわち「起」「承」であり、「へえーっ」が「転」、「そうなんだ」が「結」にあたると、置き換えるのです。図式的ではありますが、また、必

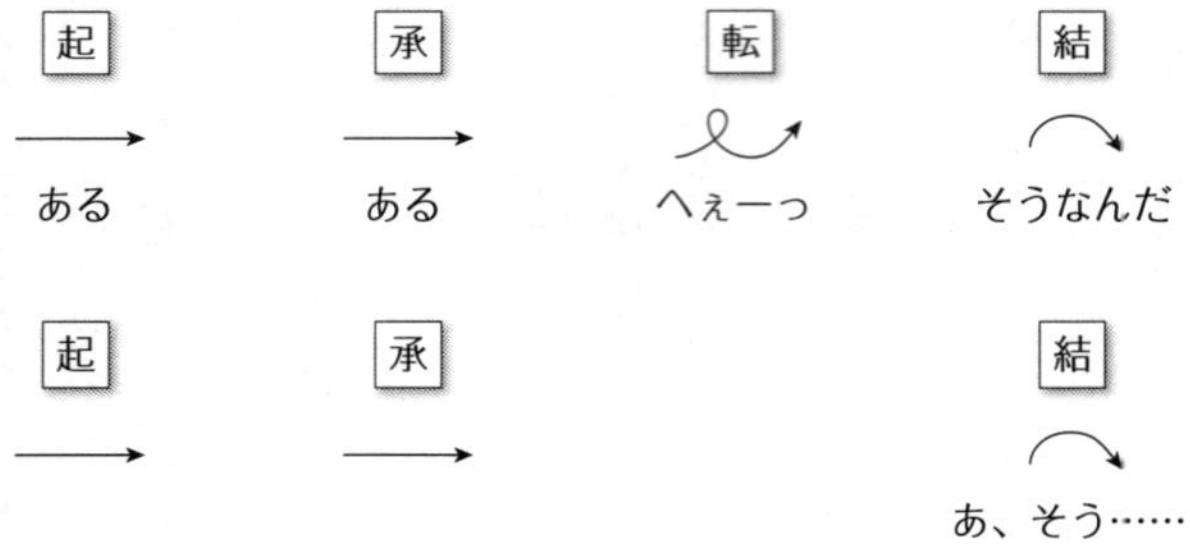

ずしも完全にあてはめられるわけではありませんが、発想の第一歩として、そのように整理します。くり返しになりますが、ここでの「結」は、テーマが与えられている場合は、テーマと合っていることをそれとなく指し示すもの、テーマが与えられていない場合は、「へえーっ」のエピソードの据わりや納まりをよくする付け足し、です。

少々のひねりを置きたいと言ったのは、まさしくこの「へえーっ」の部分、矢印で示すと、「ある、ある」と前に進んで、「へえーっ」と思って、「そうなんだ」と腑に落ちる。この流れが、生まれてきてほしいわけです。

「あ、そう」で終わるエッセイは、矢印で示すと、この「へえーっ」の部分のあることによるダイナミズムが、生まれない。

「へえーっ」と思ってもらえるのが、エッセイの要であって、ここからエッセイを発想します。読み手にとっては「へえーっ」であって、書き手にとっては、題材となる出来事でいちばん「ええーっ」と思ったこと。

間投詞ばかりで、ばかばかしく聞こえるかもしれない定義ですけれど、自分が経験して「ええーっ」と思ったことが、それを題材として取り出し、エッセイにしていくときに、エッセイの要たる「へえーっ」の部分になるのです。

「ええーっ」と思った記憶から

■日常会話の構成

ふだんの会話を思い出してください。人に何か話したいことがあって話すとき、私たちはだいたい、この「ある、ある」「へえーっ」「そうなんだ」の流れになるよう、話しています。例えば、です。

「きのうね、酔っぱらって帰ってきてね、けさ家を出ようとしたら鍵が見つからないのよ」、これが「起」です。「もう、きのう着てた服のポケットとか鞄の中とか、あちこちひっかき回して探したのよ」、これが「承」。

「そうしたら、どこにあったと思う？　なんと部屋の外、ドアの鍵穴に挿してあるじゃない、ひと晩、そのまんまだったわけよ」、それが「転」。経験した自分にとっては、さんざん探して、なくて、何かの拍子に部屋の外に出てドアに挿してあった鍵を見たときに、いちばん「ええーっ」と思ったでしょう。それが、話したいことの中心です。

では、その後、どんなことを「結」に置くかというと、ここでは日常会話、すなわちあらかじめテーマが与えられていない場合ですから、何でもいい。例えば「侵入してくださいって言ってるも同然なのに、世の中物騒な事件が多いけど、まだまだ捨てたもんじゃないと思ったよ」でもいいし、「これからは、飲み過ぎに気をつけようと、改めて思ったよ」でも「最近の中でいちばん驚いたことだったよ」でもいい。言ってしまえば、「結」は何とでも付けられるのです。

くり返しますが、「転」は、自分にとってもっとも印象的なこと、会話では語り手にとって「ええーっ」だったことで、聞き手にとっては「へえーっ」である。文章に移し替えると、書き手の「ええーっ」で、読み手の「へえーっ」。すなわち読んで、「危なーい、よく何ごともなかったね」と呆れたり胸を撫で下ろしたり、あるいは「私もやりそう」とわが身に引き寄せたりと、「あ、そう」だけに終わらない、さまざまな感想をもたらす部分になります。

今の例は、日常会話ですから、テーマは与えられていませんでした。エッセイでは、テーマが与えられていることが多い。その場合は、与えられたテーマに合わせて、いかに「へえーっ」の題材を、自分の中から引っ張ってこられるか、です。

与えられたテーマに関係させられそうな、「へえーっ」のエピソードを、題材とすべく探すのです。さきほどひとこと述べた、連想を始動させる仕掛けとしてのテーマ、というとらえ方です。

■題材を先に決める

テーマが与えられていないときは、どうするか。テーマをまず決める、のではありません。

まず、経験や人に聞いた話の中から、「へえーっ」に持ってこられそうな題材を探す。そして、それと関係させられるようなテーマを、後から決めるのです。題材を先に決めて、テーマは、後からくっつけるのです。文章では「結」がだいじ、テーマがだいじ、ということに縛られていると、この発想がなかなかできません。

テーマにおいて自分にしか書けないものは何だろう、とは考えない。テーマは、先ほども述べたように、一般的であり抽象的であり、言ってみれば、通りいっぺんのこと。例えば「私に影響を与えた本」というテーマは、30年間この仕事をしていて、何十回与えられたかわかりません。人の考えつくことは、それほど大差なく、また大差のないことを読んで腑に落ちたい心理も、エッセイを読む人の気持ちの中には、あるのです。なので、テーマでオリジナリティーを出そうとせずに、題材の方でオリジナリティーを出す。

テーマが与えられると、その瞬間は不自由に感じます。「またこのテーマ？」と思うこともある。「ああ、だいたいこの落としどころに持っていかなきゃいけないと、わかっている、でも、右に行くとパターン化されたエピソードになってしまうし、左に振ると、それはそれでパターン化されたエピソードが、すでにある。どっちにも寄りすぎない、狭い狭いところを進んでいかなければ」とも思う。パターン化されたエピソードにならないよう注意しながら、題材をみつけることが課せられます。

でも、その不自由感の中で題材探しをすることによって、鍛えられる。そして、テーマは、エッセイを発想するにおいて、連想を始動させる装置であります。与えられた瞬間は、「え、そんなこと、もう書いたよ」とか、逆に「そんなこと考えたことないよ」と思っても、あれこれ考え、呻吟しているうちに、忘れていた記憶がよみがえるなどして、テーマに関係させて題材となりそうなエピソードを、自分の中からなんとかつかみ出してこられるものです。

一般公募のエッセイでも、テーマの定められている方が多いので、テーマのあることに慣れていただきたいと思います。

「転」から始まる

■組み立てる段取り

題材とテーマの関係を話しました。さらに構成を考えることをしていきます。「転」を、「けれども」とか「しかし」といった逆説ととらえることをやめましょう、「転」を書きたいことの中心としてとらえましょう、と言いました。それに基づくと、話をまとめていく段取りがおのずと導かれます。

「転」から考える。「転」に何を持ってこようかを考える。「起」から順々に考えていくのではありません。

そもそも構成を考える、このことは、文章をいきなり書きはじめ、書きながらすることではありません。文章を書きはじめる前に、必ず前もって、紙に構成を書いてみる。箇条書きと矢印でもいいです。フローチャートのようなものでもいいです。私も30年間だと、書いたエッセイの数は何千となると思いますが、それだけ回を重ねても、文章をいきなり書きはじめることはしません。必ず前もって紙に構成を書きます。その方が結局は、能率がよいからです。

構成において、「転」が中心ということはわかった、では、そのほかをどういう順に組み立てていくか。これはテーマが与えられている場合と、与えられていない場合とで、若干違ってきます。

■テーマが与えられていない場合

まず、テーマが与えられていない場合。自分が「えぇーっ」と思ったことって何だろう。人にいちばんしゃべりたいことって何だろう、書きたいことって何だろうと考え、「転」に来るエピソードが決まる（①）。

すると、「起」がなんとなく導き出されてきます（②）。そのエピソードを人に伝えるためには、ここから説明を始めないと何が何だかわからないな、というところです。

先ほどの、鍵の話の例を思い出してください。鍵がなんと部屋の外、ドアの鍵穴に挿しっ放しになっていた。あのエピソードを伝えるためには、酔っぱらって帰ってきたことから説明しないと、わからないなというところが、おのずと導かれてきて、「起」が決まる。

テーマが与えられていない場合

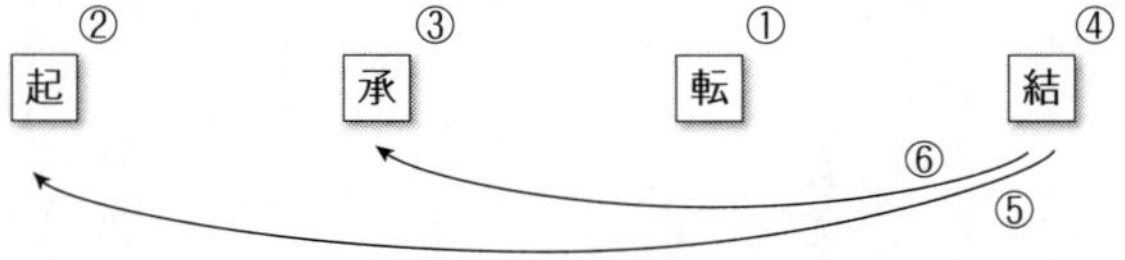

①②③④の順に考え、
⑤⑥のフィードバックをして調整

酔っぱらって帰ってきて、次の朝鍵がみつからなくて、ポケットの中も探した、鞄の中も探した、というところが、「承」として、次に導かれます（③）。

そして、鍵の例で、私は言いました。この場合はテーマが与えられていないから、「結」はどうにでも付けられます、と。「物騒な事件が多いけど、まだまだ捨てたもんじゃない」とか「飲み過ぎに気をつけようと、改めて思ったよ」とか。そういった、何かの「結」を最後に付ける（④）。

①転、②起、③承、④結

その上で、微調整です。エピソードの据わり、納まりをよくする「結」を付け足したので、さらに納まりをよくするため、今置いた「結」と呼応するように、「起」を若干修正する。例えば、「結」を「物騒な事件が多いけど、まだまだ捨てたもんじゃない」といった終わり方にしたならば、それがあまりにも突然出てくる感じにならないために、呼応する前振りを「起」にしたり（⑤）、あるいは、関係すること、「近所でもこんな事件があったけれど」といったことを、「承」に入れておく（⑥）のもいい。

こうしたフィードバック、「結」から「起」なり「承」なりへのフィードバックをする。フィードバックの調整を施すことで、ほんとうを言えば、後から取って付けた「結」だけれども、いかにも取って付けたような印象にはならないようにします。以上がテーマの与えられていない場合の例でした。

フィードバックと呼応の関係

■テーマが与えられている場合

では、テーマが与えられている場合、構成はどのように組み立てていくか。この場合は、まず、起承転結に入る前の、プレ・起承転結、とでも言うべきものに、テーマがあります。テーマは題材の始動装置でありますから、起承転結のどれよりも先んじます。

テーマが与えられている場合

㋾プレ	③	④	①	②
（テーマ）＝始動装置	起	承	転	結

（プレ）によって考えはじめ、①②③④の順に考える

この始動装置によって、何を話の中心に持ってこようかと考えることが始まり、「転」が最初に決まります（①）。起承転結のうちでは「転」が最初に決まるのは、テーマが与えられていない場合と同じです。

そこからが変わってきます。

①転、②結、③起、④承

テーマが先んじてあるので、自分が「転」にすると決めたエピソードは、テーマと関係していますよと、それとなく指し示すひとこと、まとめのひとことを、結びにどんな感じで置こうかと考える。すなわち「結」です（②）。

その次に、ではその「結」と呼応するように、どんな始め方にしようかと「起」を考える（③）。テーマの与えられていないときよりも、呼応に対する意識は、強いです。

「起」において、初めから、こういうテーマと関係しているこ

とですよと、提示することもあります。それでは、押しつけがましくなるように感じたら、なくて構いません。

いずれにせよ、テーマへの意識が、テーマの与えられていない場合よりも強くなります。

その例を、これから引きます。率直に言えば、私にはかなり書きにくいテーマでした。

与えられたテーマは「恋文」です。恋文をテーマとするからは、恋文を否定しない、恋をしたら手紙を書こう、という肯定的な立場です。エピソードがパターン化しやすい、テーマをそのまんまなぞるエッセイに、なりがちです。

エピソードは、仕事の依頼状のことにしました。

恥を「書」く

一通の恋文が、女子校に引き起こす騒動を描いたのが、石坂洋次郎作『青い山脈』である。そのラブレターたるや、誤字だらけなのだ。変しい変しい×子様、ぼくの胸は貴方を想う脳ましさでいっぱいです。変は恋、脳は悩のつもりらしい。

「いくら何でも、こんな間違いしないよなあ」はじめて小説を読んだときは、いかにも嘘っぽい感じがした。

が、近頃では、あり得なくもないと思えてきた。キイボードを打つのが主となってから、たまに手書きすると、自分でも信じられないような誤字をやらかす。秘密を「秒密」と書いたり。いちばんひどかったのは、礼状の宛名で、聡様を「恥様」としてしまった。本人から言われ平謝りに謝ったが、指摘してくれたからいい方で、絶交されても文句は言えなかった。誤字の中でも、宛名の間違いは、いちばんまずい。

ならば、パソコン打ちでは万全かと言うと、それはそれで危険がいっぱいなのである。私のところへ来た、仕事の依頼状でも、受け取った方が「あらー」と目をおおうようなのがあった。

書き出しは、岸本葉子様。葉子が「洋子」と変換してあるケースがままあるが、そこは間違ってはいない。これこれのテーマについて書いていただくには岸本様をおいてなく、岸本様独特の筆で綴《つづ》っていただきたく云々と、礼を尽くした手紙である。

が、途中から「岸本様」の部分が、別人の名になっている。「××様のご本は以前より拝読し」「ぜひとも××様にご執筆いただきたいと願っておりました」。

「はっはあ」と私は察した。最初「××様」の方に頼んで断られたのだ。で、急遽《きゅうきょ》私に振った。ていねいな文面の割りに、締め切りまであまり日がないのも、そのへんの事情を物語っているような。

おそらく、パソコンに保存の依頼状の、宛名だけ差し替えたものの、後半の文中の分については、見落としたのだろう。「岸本様をおいてなく」「独特の」なんて全部嘘だと、わかってしまう。

仕事の手紙だから、考えようによっては、まだいい。これがデートの申し込みだったりしたら。「私は二番手か！」と怒らせておしまいだ。

教訓。手紙を出すときは、誤字をよくよくチェックすべし。特に宛名関係は。


（中公文庫『幸せまでもう一歩』所収）


この経験で、私がいちばん「ええーっ」と思ったのは、依頼状の中の名前が、途中から岸本様ではなく、別人宛てになっていたことでした。

この題材を、どういうテーマのときに、どう使うか、です。

恋文がテーマでなく、例えばビジネスマナーがテーマのときに使ったら、逆にこれこそパターン化されたエピソード、テーマをそのままなぞるエッセイになってしまいます。宛名を間違うのはたいへん失礼なこと、注意しましょう、みたいな。それだと、「あ、そう」、それはごもっともだけれども、といった、私のおそれる「あ、そう」で終わるものになってしまいます。なので、そのテーマでは、使いにくい。

恋文のテーマを与えられた瞬間は、題材がない、書けないと思ったけれど、そのときに、依頼状の宛名間違い事件、あのエピソードを恋文のテーマでなら題材にできるかも、と考えました。

このエッセイの「転」は、後半の上に横線を引いてある、「が、途中から」から8行です。この題材を、テーマの恋文に、なんとか関係させたい。

ですので、「転」の次に「結」を決めます。同じく上に横線を引いた結びの3行、「仕事の手紙だから、考えようによってはまだいい。これがデートの申し込みだったりしたら。」以降の3行です。これが「結」。

そして、この「結」を付けただけだと、題材そのものは恋文のことではないのに、いかにも取って付けたようです。なので、書き出しの方にも何か、恋文と関係することを振っておかないと、と「起」を考える。テーマらしいものの提示、冒頭の横線を引いた5行です。「一通の恋文が」で始まる5行。石坂洋次郎の『青い山脈』と、かなり古めかしいですが、主な読者対象から、こういう例になりました。

『青い山脈』の中の、恋文における誤字の話、この話を冒頭に振っておくことで、「この後に出るエピソードは、仕事の依頼状ですけれど、誤字つながりで、恋文とからんでくるのですよ」という呼応の関係を作っておく。そういう組み立て方をしました。

そして、この「起」と「転」の間に「承」を置きます。

サイズが合わないときはこう対処

■字数に達しないとき

実は、このエッセイの「承」には、なくてもすむ部分が、含まれています。四角で囲った二箇所です。ここはなくても、起承転結のパーツは揃っているし、エッセイ全体の意味も通じる。なくても、エッセイは成立する。

では、なぜ、入っているか。定められた字数との兼ね合いです。

定められた字数があれば、なるべく合わせます。仕事としてお金をいただいているからにはすべき努力で、場合によっては、1行でもずれることは許されません。12字掛ける68行であれば、68行ちょうどに収める。67行でも69行でもいけない。

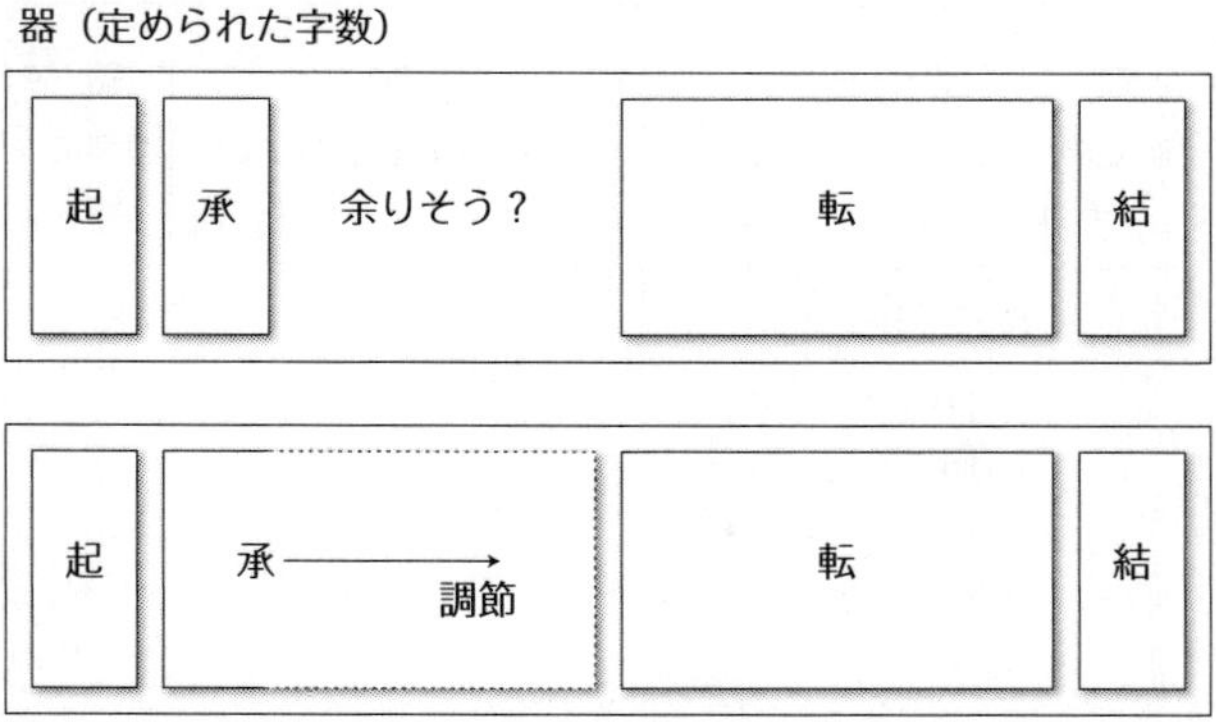

定められた字数との兼ね合いにおいて、起承転結の四つのパーツの中で、長さの調節弁とも言うべき役割をしてくれるのは、「承」です。

字数、これは構成を組み立てる上で、非常にだいじな要素です。800字なり1200字なり1600字なりと決まっていれば、それぞれのサイズの入れ物が、書く前にすでにあるわけです。その中に、なるべくちょうど収めないといけない。はみ出しても、器の中に隙間が余ってしまうのも、よろしくない。

器の中に、起承転結を割り振る。どうも、隙間が余るかもしれない、このエピソードだけでは、この字数に達することができなさそうというとき（上図）。

「承」がもっとも調節が利きやすい。そこで、

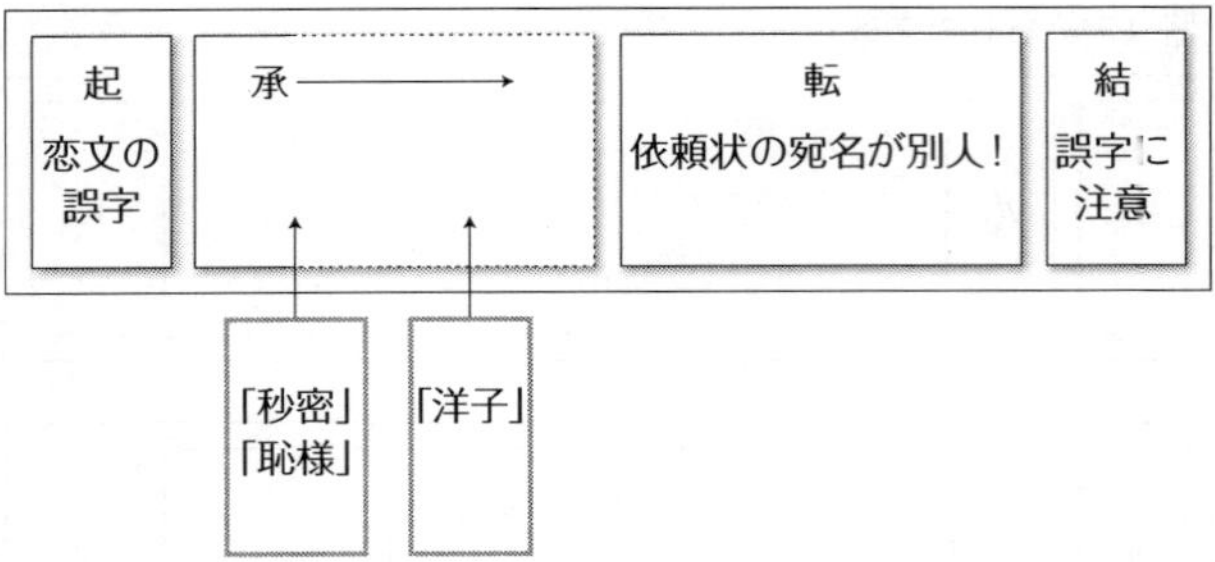

このエッセイの例では、四角で囲った二つの、小エピソードのようなものを、「承」に入れて、字数を増やす、長さを延ばすことをしました（上図）。

入れ物を満たすのに、ちょうどいい中身、字数と題材が合うのが望ましく、そういう題材を探す努力をするわけですが、みつからないとき、褒められたことではないけれど、こうした調節をすることがあります。

ただし、その小エピソードが入ったために、話がどこへ行くのか、読者を迷わせるものであってはいけない（左頁図）。

あくまでも「承」として、「起」から「転」へ話を流していく。流れの方向がわからなくなるようなものであっては、いけません。

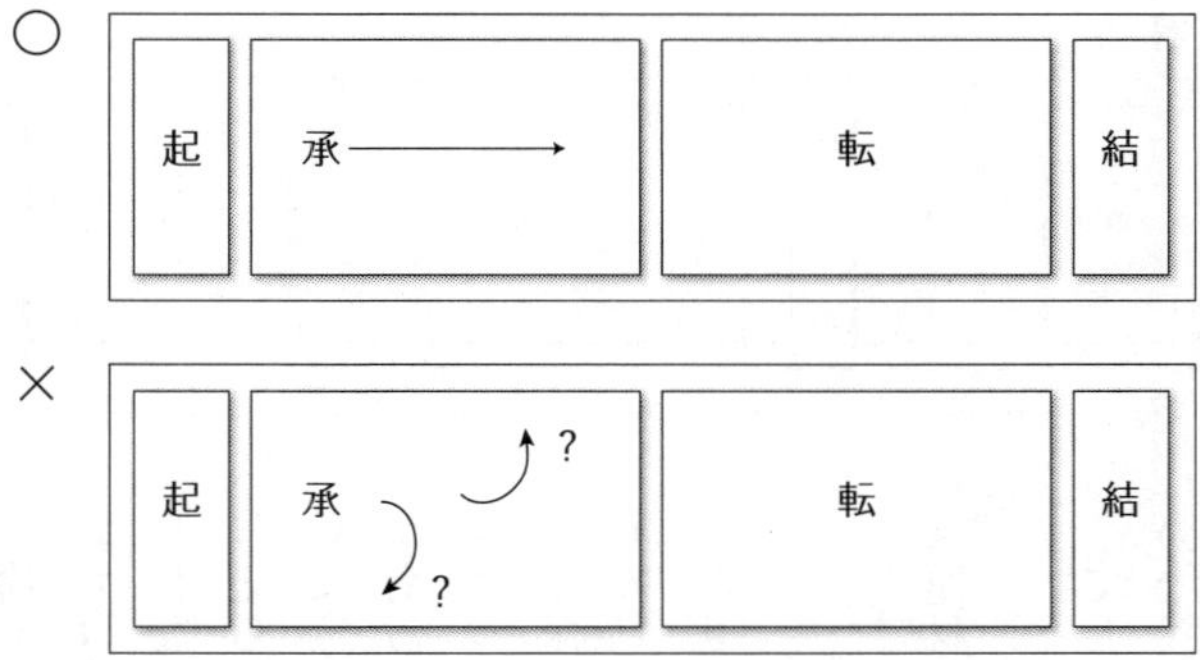

捨てる勇気

■字数をはみ出るとき

そして、入れ物が余っている場合は、まだいいけれど、足りない場合、起承転結を割り振ってみると、どうしてもはみ出てしまう場合。

「承」は調節が利きやすいと述べましたが、短くするにも限界があります。あまり縮めても、流れがわからない。

もともとエッセイは、詰め込みすぎるより、言いたいことを、余裕をもってゆったりと書く方が、読む方もリラックスできます。

「承」をテンポよく進めても、入りきりそうにないときは、思いきって、題材そのものを変更した方がよいのです。

捨てるのがすごく惜しいエピソードかもしれない、自分がいちばん「ええーっ」と思った、いちばん書きたいことかもしれない。けれども、それを人に伝えるのに必要な文章量と与えられた字数とが合わないことを認めて、無理して押し込めようとせずに、題材そのものから考え直す。

「ある、ある」「へえーっ」「そうなんだ」と思ってもらうのがエッセイ、「へえーっ」と思ってもらうためには、題材自らが求める文章量、というものがあります。題材が求めるサイズ、長さがあります。

なぜならば、おさらいになりますが、

「転」＝中心的な題材
題材＝個別、具体的

でした。具体的ということは、それを伝えるのに省くことのできない描写がある、ということです。「恥を『書』く」

くださった」「岸本様独特の筆で綴っていただきたく」といった依頼状の文章の細部は、省けないものです。この細部、あなたでなければ、ほかでもないあなたにといったことを書いてきた依頼状の文章を、具体的に書くことによって、宛名が途中から違ったときに、「嘘ばっかり！」という感じが、リアルに伝わります。

捨てるには惜しい題材であっても、伝わらなければ、せっかくの自分の「ええーっ」が読み手の「へえーっ」にならなかったら、その方が惜しいです。使えるサイズのエッセイを書く機会まで、とっておきましょう。

自分が書きたい題材が、どのぐらいの文章量を求めるものか。それは、数を書くうち、次第にわかってきます。初めは800字なら800字に収まらない題材を選んでしまって、四苦八苦するかもしれません。でも回を重ねるにつれ、あ、これは800字に入るなとか、入らないなとか見当が付くようになりますので、まずは経験です。

第二章

頭にはたらきかける文、感覚にはたらきかける文

――無意識を意識する

文章のはたらきに着眼

■三種類の役割

第一章では、エッセイとは何か。それは自分の書きたいことを他者が読みたくなるように書くことだと述べました。また、エッセイにおけるテーマとは何か。テーマにおいて自分にしか書けないことを、とは考えない、エッセイは題材から発想する、テーマとは題材を思いつかせるきっかけ、連想の始動装置ととらえる、とも言いました。その題材は、起承転結における「転」であり、「ある、ある、へえーっ、そうなんだ」の「へえーっ」の部分、決められた字数のうちに、この「転」を中心に、どのように配置していくかといった、構成の話までしました。

この章ではまず、エッセイを成り立たせている文章を、おおまかに三種類に分けてとらえます。そして、それぞれの役割について考え、私が心がけていることを話します。

では、エッセイを成り立たせている三種類の文章とは、何か。始めに箇条書きします。

①枠組の文
②描写
③セリフ

文章の分類法ではありません。書くときの自分の意識として、この三種類を意識しながらはたらかせています。

書く上で、「この文章は、今、どのはたらきをしているか」「このへんで、こういう役割をする文章を入れておく方がいい」などと考えながら配置していますが、そのはたらき、役割によって整理してみれば、この三つになるというものです。

ですので、似たような文章であっても、あるエッセイでは枠組としてはたらいているときもあり、あるエッセイでは、描写としてはたらいているときがあります。そうしたものであることを、前提として、以下の話を受け止めてください。

①枠組の文

ひとことで言えば、説明です。状況をおおづかみして、読者に示す。どんなとき、どんなところ、何をしているときか。それらの状況を、読者にもおおづかみしてもらう、はたらきを持ちます。

話を前に進める役割もします。時間の進行を示す、人物が登場してきたならば、その人を簡単に紹介する、物が出てきたならば、同じくその物を簡単に紹介、場所が変わったのなら、その場所を同じく簡単に紹介する、こういった役割をしています。

ものごとやできごとの位置付けを押さえます。例えば、描写をした後で、描写しっ放しにせず、「つまりは、こういうことなんですよ」とまとめをして、念押しする。

テーマとの関わりを示すこともします。

すなわち、話のアウトラインを設定して、要所要所でポイントを示す。それが①の枠組の文です。

これは、小説ではあまり入れません。

②描写

一般にも描写といわれるものです。そのはたらきは、さきほど、枠組の文では状況をおおづかみに示すと言いました、そのおおづかみされた状況の中身を、具体的に書き込むのです。

枠組の文章によって、簡単に紹介された人物、物、場所などを、詳しく書き込む。枠組の文章は、話のアウトラインを設定すると述べました。そのアウトラインの中身を埋める、ともいうべきはたらきです。

評論では、あまり入れません。逆に小説では、多用します。小説においては、エッセイならば枠組の文に負わせる役割も、枠組の文章にしないで、描写に担わせる感じがするほどです。

③セリフ

おおざっぱに言えば、「　」（かぎかっこ）で括られるようなもの。話し言葉。内心の声のこともあります。

「　」で括られるような、という言い方をしたのは、「　」を使わない場合もあるためです。

このセリフの役割は、エッセイ全体に活気や臨場感を持たせること。

描写を補強する役割もあります。

枠組の文の中から、そこだけ抜き出して、印象を際立たせることもします。

さらに、エッセイ全体が単調になるのを防ぐ。枠組の文ばかり続いても、あるいは描写ばかり続いても、単調になりがちです。ところどころに、このセリフを入れることによって単調さを防いで、読み手の負担を減らす効果も、あります。

　評論では、あまり入れません。小説では多用します。小説は描写とセリフによって成り立つと、感じるほどです。


　エッセイを成り立たせている文章を、はたらきにおいて三つに分けて、それぞれの役割を話しました。

　では、三種類が、具体的にはどんなものか、どのように使われているか、例にそって見てみます。「あの、ぬるく、水っぽいお粥」。テーマの与えられたエッセイでした。与えられていたテーマは、「思い出に残るご馳走」でした。

あの、ぬるく、水っぽいお粥

七日間の絶食を体験した。入院して、腸の手術を受けた後のことである。

術後すぐの数日は、飲まず食わずでもいっこうに空腹感を覚えない。が、体力

２　１

が回復するに比例して、何か口にしたい衝動がつのってくる。必要な栄養は、点滴でちゃんと摂れているのだが、それとは別の問題のようだ。八日目の朝から許される流動食が、ひたすら待たれる。

「解禁日」の前日は、ほとんどもう食べ物のことしか考えられない状態になり、これで何かの手違いで配膳が忘れられたりしたら、卒倒するのではないかと思われた。

そしてその朝、運ばれてきたのは。

「これが、お粥……」

プラスチックの丼の底の方に、うっすらと溜まっている。障子を貼る糊よりも、水分が多そうな。

試みに箸でかき回してみたが、みごとなまでに、ひと粒のご飯も入っていなかった。流動「食」というより流動「飲料」と呼びたい。

が、丼を持ち上げ、顔に近づけると、おお、ふわっと鼻を包む甘い香り。これぞ、ニッポンの主食、お米の澱粉質の香りだ。

次いで、口の中に広がる生温かさ。病院食だから、熱々というわけにはいかなかったが、舌に乗って、喉へ、食道へと順送りされていく。食べ物を口から摂取するという、当たり前の感覚が、よみがえった。

胃腸までが早くも反応し、くるくると鳴っている。ひと口のお粥で、全身を貫く一本の管が、活動を再スタートしたような。

食い意地の張った私は、退院後、絶食した分を取り返すかのごとく、あれこれの料理を味わったけれど、あの病院食のぬるく、水っぽいお粥は、忘れがたい一品である。

（『幸せまでもう一歩』所収）

枠組の文でアウトラインを

初めの5行は枠組の文章が続きます。状況をおおづかみにして示し、情報を次々と出していきます。

「七日間の絶食」という状況。それはなぜ？　と読者がいきなりそこでつっかえて、先に進めなくなると困るから、「腸の手術を受けた後」だからと簡単に説明して、流す。そこで何の病気だとかと、あまり深入りせずに、話を前へ進める。

「入院して」とあるので、読者は、あ、病院のことなんだなと場所をつかめる。

「必要な栄養は、点滴でちゃんと摂れている」、これもまだ枠組の文章です、栄養は点滴で摂れていると言っておき、だから、栄養は足りている。ここでの話の中心は、もっぱら「口から」ものを摂りたいことらしいなと、読者になんとなく、頭に入れておいてもらう。「何か口にしたい衝動が」と、すぐ後にも出てきます。

そして「八日目の朝から許される流動食が」で、冒頭で示した「七日間の絶食」であることをもういちど確認するとともに、絶食の後は「流動食」から始めるんだな、ということを知っておいてもらう。ここまでで、話のアウトラインを作りました。

6〜8行は、このエッセイの中では、枠組ではなく描写のはたらきです。「『解禁日』の前日は、ほとんどもう食べ物のことしか考えられない状態になり、これで何かの手違いで配膳が忘れられたりしたら、卒倒するのではないかと思われた。」先ほど枠組の文章で説明した「口から」ものを摂りたいこと、「口にしたい衝動」と書いたものが、いかにつのっているかを、先ほどよりもう少し具体的に書き込みました。

第9行の短い一文。「そしてその朝、運ばれてきたのは。」は、枠組。「その朝」、すなわち時間が進行した、八日目になった。話を前に進めています。「運ばれてきた」によって、いよいよ流動食が始まったことを示します。

第10行で、セリフが出ます。このエッセイの中では、唯一の話し言葉です。「これがお粥……」。

このセリフがなくても、エッセイは成り立ちますけれど、ほかにずっとセリフがないので、単調になるのを避けるためにも、ここでセリフを一つ出しました。「これがお粥……」の「……」は、絶句です。絶句というリアルな反応で、お粥がどうも、期待と異なるものであるらしいことを示して、第11行からのお粥の描写につなげていきます。

引き出されてくる描写は、「プラスチックの丼の底の方に、うっすらと溜まっている。障子を貼る糊よりも、水分が多そうな。試みに箸でかき回してみたが、みごとなまでに、ひと粒のご飯も入っていなかった。」です。お粥のようすを詳しく書き込む文章が来ます。ここでは見たようす、すなわち視覚が中心です。

描写の次に、枠組の文をひとつ、配置しています。第14行。「流動『食』というより、流動『飲料』と呼びたい。」という文。

この文章の役割は、その前までの描写より、具体的ではない。その前までの描写のまとめです。その前までで、こと細かにようすを描いてきたお粥が、つまるところ何であるか。

あれこれ描写したけれど、つまりは流動食とは名ばかりで流動飲料と言うべきもの、食べ物ではなく飲み物と呼ぶのにふさわしいものだったと位置付けて、いったん引き締めます。

次の第15行からはまた描写です。お粥を食べてわき起こった感覚を、描写していきます。「顔に近づけると、おお、ふわっと鼻を包む甘い香り。」「お米の澱粉質の香り」、嗅覚です。

五感のいろいろが出てくることに、お気づきだと思います。「次いで、口の中に広がる生温かさ。」「熱々というわけにはいかなかったが、舌に乗って、喉へ、食道へと順送りされていく。」温度や、喉へ食道へと触れていく感じ、触覚とでも言いましょうか。

一つ飛んで、第20行、「胃腸までが早くも反応し、くるくると鳴っている。」は音であり、聴覚と言えるでしょうか。

視覚、嗅覚、触覚、聴覚。五感のすべてが出揃ってはいませんが、さまざまな感覚で受け取ったことを細かに描きます。そして間々で「言い替えるとこうですよ」と位置付けをする文章を挟んでいくのです。

■「描写」を「枠組」で引き締める

例文の四角で囲った部分が、枠組の文章。それ以外が、このエッセイにおける描写とセリフです。描写の間、要所要所に枠組の文章を置き、描写したことは、つまり何なのかというポイントを示す。そうした並び方になっています。

そして結びの2行。このエッセイはテーマを与えられたエッセイだったと言いました。三種類の文章の説明で、枠組の文には、テーマとの関わりを示すはたらきもあると述べました。

ここで与えられたテーマは、「思い出に残るご馳走」。そのテーマとの関わりを、結びに枠組の文章を置いて、押さえます。

「絶食した分を取り返すかのごとく、あれこれの料理を味わったけれど、あの病院食のぬるく、水っぽいお粥は、忘れがたい一品」と書き、忘れがたい一品である点で、テーマと関係していることを示して、引き締める。

この文章を置いたのは、第一章で述べた、テーマと題材の話と関係します。

「思い出に残るご馳走」のテーマを与えられ、例えば一流レストランでの高級食材を使った、ほんとうにすごいご馳走のことを書いたら、「そんな贅沢なものを食べたら、そりゃあ、思い出にも残るでしょうよ」と、そっぽを向かれかねない。エッセイでおそれる「あ、そう」です。

いっそ、度外れた贅沢メニューを書いて、呆れ半分好奇心半分で読者をひきつけるという方法もなくはない。それには芸が要ります。そこまでの技巧のない私は、リスク回避と、また、呆れ半分好奇心半分で読者をひきつけることができるほどのご馳走の記憶もなかったため、この題材を持ってきました。でも、わざとおいしくなさそうなものを選んで、奇をてらったわけではない、自分にとっては思い出に残っている、この題材でもテーマにはかなっている。そういうテーマとの関係を、最後に押さえて、はぐらかされた読後感を残さないようにしました。

くり返しになりますが、三種類の文章を意識するのは、文章の分類が目的ではありません。個々のエッセイを書くとき、今、この文章がどうはたらいているか、エッセイ全体の中でどういう役割を果たしているかを、自分でとらえながら、配置していくためです。

例えばこの例では描写としているものに、次の文章があります。第15行から第16行。

「これぞ、ニッポンの主食、お米の澱粉質の香りだ。」

テーマが、日本の食とか和の味とか、そういうテーマで書いたエッセイなら、枠組の文章としてはたらくかもしれません。テーマとの関わりを示したり、念押しをしたりする。でも、ここではそうしたテーマのエッセイではなく、私の意識では、香りの描写としてはたらかせています。

はたらきを意識して組み立てることを、例に即して見ていただきました。

フィクションとの距離

■エッセイの特徴

今述べた、文章の役割の持たせ方は、もしかすると、エッセイに特徴的な方法かもしれません。他の文芸との比較に、少しふれます。

エッセイはノンフィクションのひとつとされます。私はごくたまにフィクションも書きます。小説といわれるものにあたるかもしれませんが、人物は自分と同世代の女性、設定もごく日常的で、書かれる世界は、エッセイのそれと、あまり距離感がありません。けれど、方法においては、非常に距離感があります。

エッセイでの書き方が習慣になっているので、フィクションのときもつい、エッセイを書いているときと同じような感じで、文章を配置していきます。すると小説を編集する人から言われるのは、私の中で枠組の文章と思っているもの、それは取るようにと。枠組の文の中でよくしている、ここまで描写したことは、つまりはこうですという念押しや位置付けのひとことも、取るようにと。また、同じく枠組の文章でしている、話を前に進めるための時間の経過や場所の移動、それも枠組の文ではなく、描写でするように言われました。

例えばエッセイなら「ひと月後に行ってみたところ」と書くところを、ひと月後に、といった記号的な書き方ではなく、ひと月経ったことを感じさせる描写を置くようにと言われました。病院に通っているならば、待合室の椅子に座ったら、目の前のカレンダーの写真が変わっていたとか、受付の人が替わっていたとか。そういう描写でもって話を前に進める、時間の進行、場所の移動なども、描写でするようにと。

私は枠組の文を交えつつ進めることが身についているので、それも描写に置き換えていくと、サイズがつかみにくくなります。この話だったら、400字詰めで30枚ぐらいかなと思う話を、描写で進めたら45枚になってしまった、というように一・五倍にはなる感じがしています。

さきほど、三種類の文章のはたらきを説明するとき、小説や評論ではどうかと、文芸の他のジャンルとの比較にも、ひとことずつふれました。自分がエッセイ以外のものを書いた経験でも、文章を役割で三種類に分け、三種類をとり混ぜつつ進めるのは、エッセイに特徴的な方法かもしれないと、感じています。

■作り話や誇張

フィクション、ノンフィクションという言葉を出したところで、付け加えて話します。エッセイにはフィクションのように、作り話や誇張を入れてもいいのか、という質問を、しばしば受けます。

私の答えは、イエスです。この本の最初で述べた、エッセイの基本要件は、「自分の書きたいこと」を「他者が読みたくなるように」書く、でした。「他者が読みたくなるように」するために、現実を加工する。加工というのは、整理してわかりやすくする、強調する。そうした加工は、私もしています。

エッセイは、「ある、ある、へえーっ、そうなんだ」を目指す、とも述べました。それを実現するためなら、許されると思います。

ただ、なるべくしない方がいいとは言えます。ノンフィクションでは、加工をすると、つじつまの合わないところが出てきて、それのカバーやフォローをしようと、無理が生じてしまいがちです。しなくてすむに越したことはないのです。

作り話や誇張までしなくても、この章で述べる、三種類の文章の配置の仕方によって、「作り話や誇張をしないと、出せない」と今は思っている効果と同等のものを、出せるかもしれません。
まずは、そのことに力を傾けてみてください。

頭にはたらきかける文、感覚にはたらきかける文

■実験でわかること

例に見ていただいたように、この三種類の文章を、いざエッセイを書くときに、どういうふうに取り混ぜて配置していくかが、考えどころであるわけです。
ここで、実験をしてみましょう。この四角の外は描写とセリフですと言いました。今その描写やセリフを除いて、四角の中の文章だけを、読んでみます。枠組の文だけをつなげるわけです。どんな印象を受けるでしょうか。

七日間の絶食を体験した。入院して、腸の手術を受けた後のことである。

術後すぐの数日は、飲まず食わずでもいっこうに空腹感を覚えない。が、体力が回復するに比例して、何か口にしたい衝動がつのってくる。必要な栄養は、点滴でちゃんと摂れているのだが、それとは別の問題のようだ。八日目の朝から許される流動食が、ひたすら待たれる。

そしてその朝、運ばれてきたのは。

流動「食」というより流動「飲料」と呼びたい。

が、食べ物を口から摂取するという、当たり前の感覚が、よみがえった。ひと口のお粥で、全身を貫く一本の管が、活動を再スタートしたような。

食い意地の張った私は、退院後、絶食した分を取り返すかのごとく、あれこれの料理を味わったけれど、あの病院食のぬるく、水っぽいお粥は、忘れがたい一品である。


描写、セリフを除いて、枠組の文だけつなげても、意味は取れます。しかし、やはり印象は、説明的になる。

説明とは、頭にはたらきかける。それとの対比でいえば、描写やセリフは、感覚にはたらきかけるのではないか。

①枠組の文……頭にはたらきかける
②描写、③セリフ……感覚にはたらきかける

このように整理できます。

第一章でエッセイは、「ある、ある、へえーっ、そうなんだ」を目指す、と述べました。この「へえーっ」という部分を生み出すこと、これは枠組の文だけでは、なかなかできません。説明されるとは、頭でわかること。頭でわかるとは、「あ、そう」。エッセイでおそれる「あ、そう」に終わりかねないのです。

描写やセリフがあって、「へえーっ」の部分が実現できる。ただし、描写やセリフだけでも、「ある、ある、へえーっ、そうなんだ」という全体のダイナミズムを生み出すことは、難しい。

なぜならば、「へえーっ」に至る前の「ある、ある」の部分。「ある、ある」とエッセイに入っていくには、枠組の文が必要です。まず、どういう状況かおおづかみしてもらう。どんなとき？　どんなところ？　といった情報を、枠組の文でもって段取りよく出していく。「へえーっ」だけでは、部分に限ったリアリティは感じても、何が

何だかわからず、「そうなんだ」までたどり着けないことが起こり得ます。

描写、セリフだけでも足りない。枠組の文だけでも足りない。「ここは頭だけでなく、感覚としてつかめるようにしたいから、詳しく書き込もう」と思う部分は描写を、あるいはセリフをも効かす。そして、しばらく描写してから、「ちょっと感覚にはたらきかけるところが続き過ぎたから、ここらでいったん、感覚にのめり込んだところから退いて、ポイントを示しておこう」、で、また枠組の文、というように、三種類をバランスよく取り混ぜていくことがだいじです。

■理解と追体験

別な言葉で整理すると、頭にはたらきかける、それは言ってみれば、理解です。感覚にはたらきかける。これは対比させて言えば、追体験。

①枠組の文……頭にはたらきかける……理解
②描写、③セリフ……感覚にはたらきかける……追体験

読み手が、この理解と追体験の両方を、進めていけるようにする。どちらかに偏り

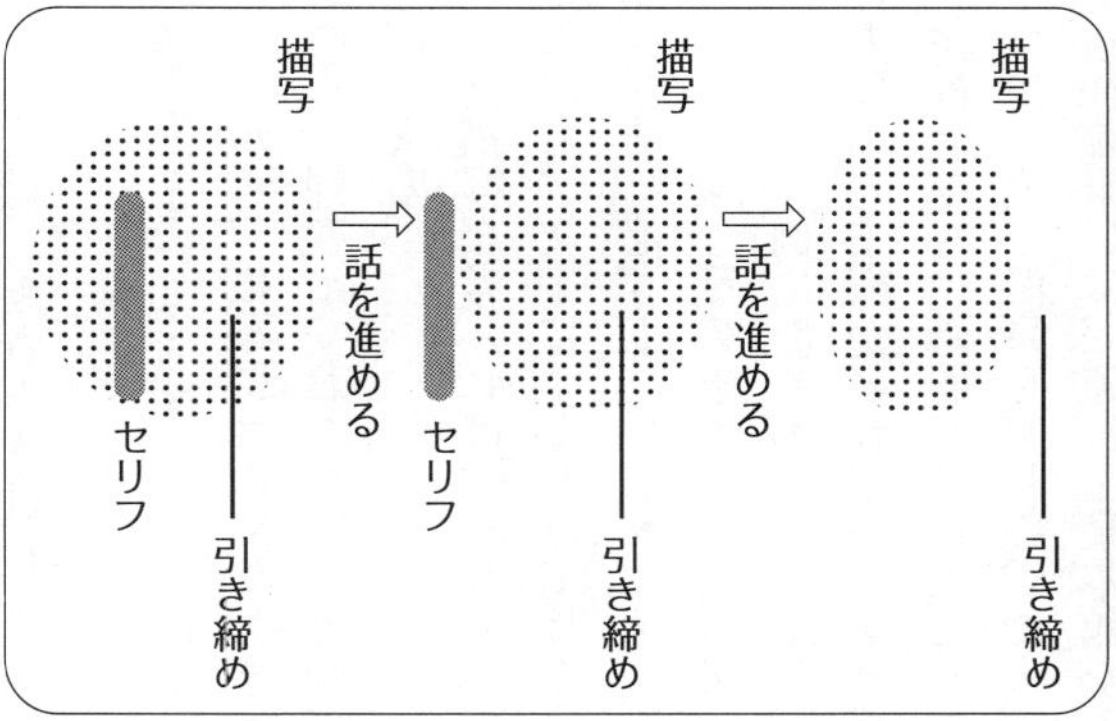

アウトラインの設定

すぎ、どちらかが置いてきぼりにならないようにする。

すごく模式的に図にしますと、上のようになります。

枠組の文で、アウトラインを設定する。アウトライン、すなわち枠ですね。この枠は、さきに入れ物と中身の話で書いた図の四角とは、別ものです。

枠組の文で、話を進める。矢印がその役割です。

間々を描写で詳しく書き込んでいきつつ、ときどきセリフを配置する。そして描写だけで流さずに、要所要所でポイントをまとめて、引き締めつつ進めていく。こんなイメージです。

主観、ときどき我に返る

■客観写生にあらず

ここから、描写について話します。

初めに押さえておきたいことは、描写イコール客観写生ではない、ということです。主観である。

視覚描写を考えれば、うなずいていただけるかと思います。目に入るものを何でもかんでも、文字にするわけではない。目に入るもののうちで、自分の主観によって取捨選択を、必ずしています。人に話すときでもそうでしょう。ふだんから無意識に行っています。その無意識で行っていることを、エッセイでは少々意識的に行います。

この後、例に引くのが、「日本一古い銭湯へ」というエッセイです。タイトルの付け方に私の主観が表れています。銭湯、というところにです。

主観と描写に着眼していただくために、読んでいただく前に、概要を述べます。テーマは、道後温泉を楽しむ、です。

道後温泉には、道後温泉本館なる建物があり、国の重要文化財です。エッセイを書いたときで、築百十年ぐらいと聞きました。城大工が建てたと言われる木造三階建て。堂々たる威容を誇る建物です。ご存じのかたも多いでしょう。

その建物を、銭湯としてとらえたいのが、私の主観です。重要文化財でありながら、触ってはいけないようなものではない。町の、特にお年寄りには、銭湯として古くから親しまれている風呂であり、ご近所の人との交流の場である、重要文化財だけれども、日常のもの、という点が面白く感じました。全体をざっと読んでいただき、特に中ほど、「神の湯」で、自分が入浴するところを中心に見ていきます。

日本一古い銭湯へ

道後温泉には、一度来てみたかった。前に写真で、お寺ともお屋敷ともつかない、どっしりした建物を見て、度肝を抜かれた。これが温泉？　旅館じゃなくて？

行き方は、松山空港からバスだ。山の上なる松山城や、駅前を行き来する、愛媛みかんの色をした路面電車に目をひかれつつ、まずは道後温泉をめざす。

道後湯之町なるゆかしき番地の商店街を抜けると、おお、これが念願の……。正面にそびえる「道後温泉本館」。期待に違わず、堂々とした木造三階建である。

反り返った瓦屋根が、お城のような威容を誇る。でも、入り口奥に並ぶのは下足箱で、やはり銭湯なのだった。築約百十年。国の重要文化財にして、現役の公衆浴場という、他に例のない温泉だ。

館内には、いくつかのコースがあり、初心者の私は、なるたけあちこち見学できるコースを選ぶ。日本で唯一という、皇族専用の浴室では、畳敷きのトイレに感心。

湯ぶねの位置が、一階の床をさらに掘り下げたように低いのはなぜかしらと思っていたら、説明によると、昔の建物なので、お湯を汲み上げる造りになっておらず、お湯の面が、すなわち地面と同じ高さになるそうだ。

なるほど、だから、風呂はすべて一階なのか。循環させる装置なんぞも当然ないから、源泉掛け流しである。

湯口の上に、童のような丸顔をした、かわいい二人の石像があり、皇族の繁栄を願った子宝の湯かと思えば、温泉の由来にちなんだ二人の尊《みこと》の像でした。

さすが、三千年の歴史を持つといわれる温泉だから、伝説の登場人物も、神代の昔にさかのぼるのだ。

歩き回る間に、浴衣姿の見学者と、何組もすれ違う。これだけたくさんの人が毎日毎日、館内を右往左往して、しかも一階からは常に湿気が上《のぼ》ってくるのに、百年以上朽ちもせぬのだから、昔の建物って、ほんと堅牢だ。棟梁は城大工というのも、うなずける。

その一方、瓶入りのフルーツ牛乳なんぞを販売しているのが、笑みを誘う。銭湯の正しい姿。

懐かしい。下宿時代、風呂上がりに紙の蓋をはがし、冷えたフルーツ牛乳をきゅっと飲《や》るのが、最高の贅沢だった。

銭湯ムードがもっとも味わえそうな、「神の湯」へ。風呂だけなら三百円で入れるので、地元の人の公衆浴場ともなっている。松山市民は八十五歳以上無料という料金設定に「長寿国日本」を感じる。

脱衣所に入ると、無数の（おおげさだが、そのときの私にはそう感じられた）ズロース姿が目に飛び込んできた。三分丈のゆったりした下ばきですね。

久々に見るなあ。昔のおばあさん、おばさんたちは皆、そうだった。自分も中年のくせして、人をおばさん呼ばわりするのは図々しいが、親しみをこめてそう書かせていただく。

按摩機のところでは、顔見知りどうし、会話が交わされている。

「係りの人に言うて来て。機械の腕が上がらんのよ」

「お金入れたら、上がるんよ」

伊予弁は、関西弁をもっとのんびり、ゆるやかにした感じで、耳に心地よい。

按摩機は五分で二十円。安い！

湯殿へ足を踏み入れると、おお、そこは巨大なる、女洗い場。石段を下りていくため一望のもとに見渡せて、よけい広く感じられる。

石の床のまん中に、楕円形の湯ぶねが掘ってあり、へりの周りを、おばさんたちがぐるりと囲んでいる。

湯ぶねから桶で湯を汲んで、背中を流し合ったり、足を投げ出してこすっていたり。壁にはシャワーやカランもあるが、年輩の人はこっちの方が好きみたい。椅子よりも、床にじかに尻をついてしまう方が、楽なんでしょう。

へりをまたいで、湯につかる。石の浴槽が、滑らかで気持ちいい。

中央には、二人の尊の像が、石の台座に載っていて、まるで公園の噴水のよう。台座の下の四カ所から、湯が流れ落ちる。

おばさんたちは、この湯口も好きらしく、台座の方を向いて代わる代わるとりついては注ぎたての湯でお腹を温めている。


文化財たる建築と、それに圧倒されることなく、ふつうにくり広げられている、ローカルな日常とのミスマッチが、実にいいです。石の台座に、優美な書体で彫られている、漢詩めいたものを眺めつつ、立ち上る湯気と、やわらかな伊予弁とに包まれている至福。

今夜の宿は、道後館。瀬戸の魚に満腹した後、部屋付きの露天風呂に入る。

銭湯の、芋の子を洗うような混雑もいいが、湯ぶねをひとり占めして、お椀の中の松茸のように、ぽっかりと浮いているのも、また一興。夜空の月を仰ぎながら。

この露天風呂は、畳の間から、掃き出し窓を出て、すぐにある。湯につかりながら、さっきまでお茶を飲んでいた炬燵が見える。日本人の理想だよなあ。炬燵と温泉とを、じかに行き来できるなんて。

翌朝、日の出る前に起床。銭湯は、六時の刻の太鼓とともに開く。

こんな暗いうちから、風呂に入りにくる人、いるのかしらと半信半疑で出かけていくと、いましたいました。一番風呂が目当ての常連さんが、のれんの前に詰めかけていた。

壁のカランも湯ぶねのへりも、たちまちいっぱいになる。

私の隣は、観光客らしきお嬢さん。タオルで前を隠し、内股でおずおずと入ってくるので、すぐにわかる。地元さんから、

「ちょっとシャワー使わしてな」

と声をかけられ、びっくりして譲ろうとすると、

「ええんよ、ええんよ、そこにおって」

皆で共有する、という精神なのだ。あとは地元さんが、石鹸を貸してやったりお湯をかけてやったり、何くれとなく世話をやき、とまどいぎみだった娘さんも、

「ありがとうございます」

と上気した頬で礼を言っていた。都会ふうの若い彼女には、こんな関わり、初体験だったのかも。まさに古きよき「文化」の継承といえるのではないかしら。

身も心も温まって、さあ、憧れの路面電車に乗って、松山城へも行ってみようかな。


（『ぼんやり生きてはもったいない』所収）

「銭湯ムードがもっとも味わえそうな、『神の湯』へ。」に始まり、初めの方は枠組の文です。四角で囲ったところです。「風呂だけなら三百円で入れるので、地元の人の公衆浴場ともなっている。松山市民は八十五歳以上無料という料金設定に『長寿国日本』を感じる。」

「地元の人の公衆浴場」という位置付け、そして「八十五歳以上無料」という情報の提示をしました。

それだけでは説明です。さきほど、理解と追体験と述べました。そのうちの、理解です。「公衆浴場なんだ、三百円、八十五歳以上なら無料で入れるんだ」と、まずは読み手に理解してもらいました。次からは、その公衆浴場らしさ、安くて日常的に来られる銭湯、という感じを、追体験してもらえるよう、描写をしていきます。

■自然についてこられるよう注意

「脱衣所に入ると、無数のズロース姿が目に飛び込んできた。三分丈のゆったりした下ばきですね。」

視覚描写です。追体験をしてもらう、理解だけでなく感じてもらうには、視覚、嗅覚、触覚、聴覚など、さまざまな感覚に訴えます。

視覚描写で気をつけたいのは、目というカメラの動かし方。書く側が動かしているカメラの動きに、読む人が無理なくついてこられるように。なおかつ、そのようにカメラが動くのが自然だと感じてもらえる。そういう順序での描写を心がけます。

ここで言えば、まず、脱衣所に入りました。するとズロース、いちばん印象的なものが目に飛び込んでくる、それを最初に書きます。

まずズロース、その上下の体なり顔なりを見て、おばあさん、おばさんだと認識する。「おばあさん、おばさんがたくさんいた、ほとんどがズロースだった」とは、そのときの目というカメラがとらえた順序だと、ならないのです。

ズロースを知らない人のための言い替え、「三分丈のゆったりした下ばきですね。」は、後から付け加える。「三分丈のゆったりした下ばきであるズロース」と、前にくっつけない。まず、ズロースを出す。ズロースを見て、思い出がわき起こります。

「久々に見るなあ。昔のおばあさん、おばさんたちは皆、そうだった。」

ここでいったん、距離を置く。描写にのめり込みっ放しにならず、退いて、枠組の文で押さえる。「自分も中年のくせして、人をおばさん呼ばわりするのは図々しいが、親しみをこめてそう書かせていただく。」

なぜ、これを入れたか。ズロース云々の描写が、別の受け取られ方をする可能性を考えました。自分としては、ズロース云々は、主観の好意的な表現であります。よそよそしい文化財、よそゆきの観光資源ではない、銭湯なんだと感じた私の主観を、ズロースを通して伝えたい。でも、人によってはそう取らないかもしれない。

かっこう悪いとか、田舎っぽいとかといった、好意とは反対の方に取られてしまうと、そこまでの描写が、自分の主観とは逆になってしまいます。その危険を未然に防ぐための、枠組の文です。親しみをこめて書いている、という位置付けです。

■別の受け取られ方の可能性に注意

描写にのめり込む危険は、ここにあります。描写にあまり一生懸命になっていると、また、描写というのは凝り出すと、結構凝ってしまうものですから、その描写が別の受け取られ方をするかもしれないことに、気づかなくなります。

エッセイを読むのは他者です。自分ではない。他者は同じ描写を、自分の思うのとは別の受け取り方をするかもしれない。だからときどき描写から退いて、言ってみれば我に返って、これはこういうことなんですよと位置付ける文章を入れていく。枠組の文を差し挟む。

そうした、ときどき我に返る、ということは、エッセイではだいじです。

書くには集中が求められるけれど、同時に、書かれていくものを点検するマインドを併せ持って、自分をコントロールしていくことも、エッセイでは同じくらいだいじだと思います。

そうは心がけていても、私も、思いがけない読まれ方をする可能性のある文章にな

っていたことを、読者の指摘によって後から気づくことが、しばしばあります。集中しながら点検する難しさ、あるいは、

自分≠他者、

自分は他者ではないという、本質的な限界があるかもしれません。

無意識の営みを意識化する

描写イコール客観写生ではない、と述べました。主観による取捨選択を無意識にしているもの、そのふだん無意識にしていることを少々意識的に行いますと。自分がどういう主観で、描写をしているか。そのことに意識的になる。そして、その主観が伝わるかどうか、別の受け取られ方をする可能性はないか、ときどき点検し、必要に応じて枠組の文で示す。そうしたことをしていきます。

■カメラアイの動き

視覚による描写を、続けます。セリフについては、後でお話しします。ここでは目というカメラがどう動いているかを、追いましょう。

「湯殿へ足を踏み入れると、おお、そこは巨大なる、女洗い場。石段を下りていくため一望のもとに見渡せて、よけい広く感じられる。」

湯殿に足を踏み入れた第一印象は、巨大。女洗い場という印象ですから、人がたくさんいるのでしょう。ここは広い絵です（86頁図①）。全体を見ています。

「石の床のまん中に、楕円形の湯ぶねが掘ってあり、へりの周りを、おばさんたちがぐるりと囲んでいる。」

最初に広い絵が見えて、その中でも、楕円形の湯ぶねに注目した（②）。全体から部分へ。さきほどより狭い絵になります。

カメラはしばらくそこに焦点をあてて、ときにはズームして、おばさんたちのようすを観察します（87頁図③）。

「湯ぶねから桶で湯を汲んで、背中を流し合ったり、足を投げ出してこすっていたり。」

焦点のあたっているのは、湯ぶねのへりのおばさんたち。遠景の壁も見えてはいます。

「壁にはシャワーやカランもあるが、」でカメラを振りかけたかもしれないけれど、戻して、「年輩の人はこっちの方が好きみたい。」、焦点は、湯ぶねのへりのおばさん

① 第一印象
- 広い
- 人がたくさん

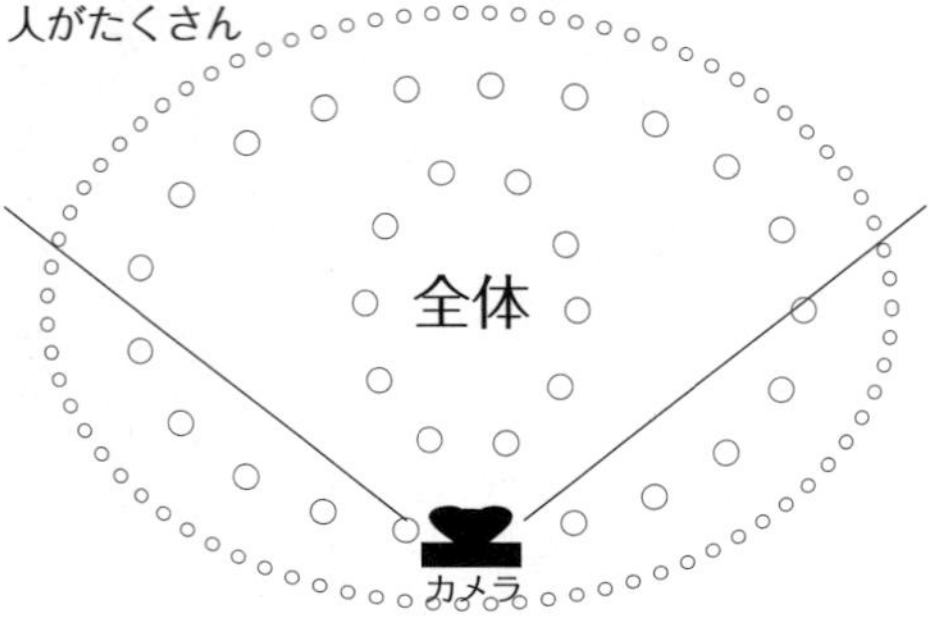

② その中でもこの部分にフォーカス
- 楕円形
- 周りにぐるりと

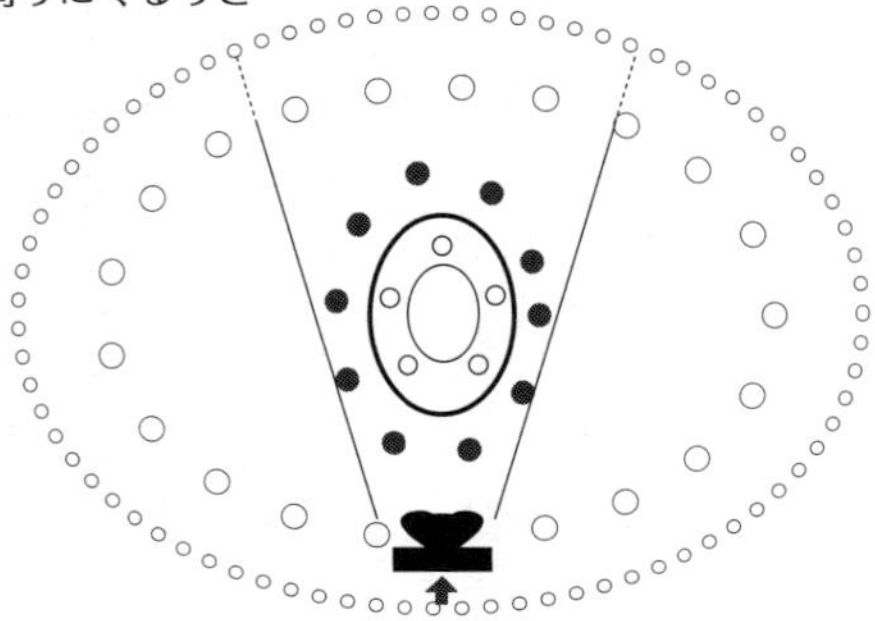

③　さらに部分にズーム
・〜流し合ったり、
〜こすったり

遠景も入っているが
詳らかではない

カメラも移動

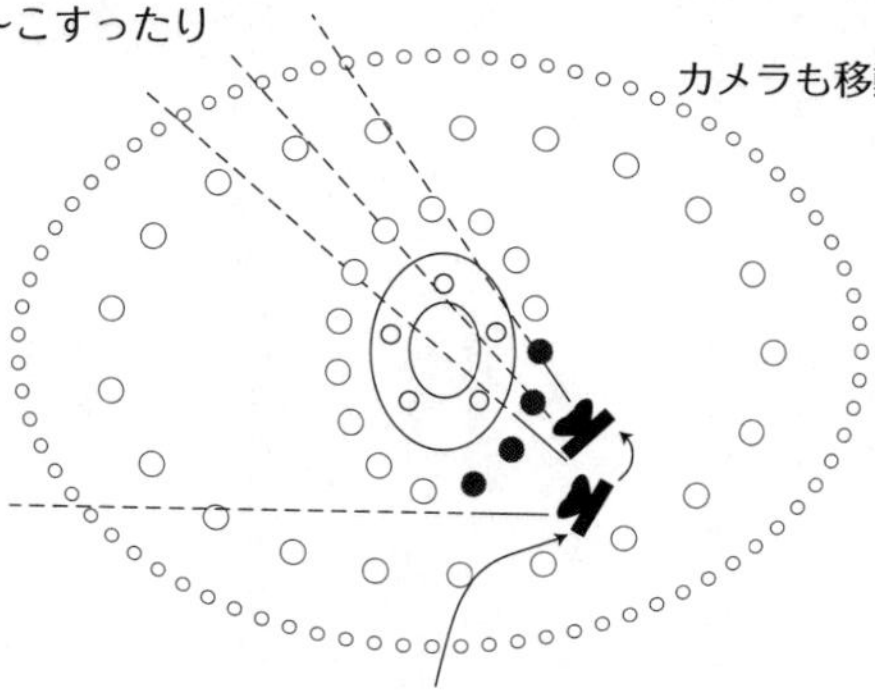

④　カメラが中に入った
ズームアップ
・像、湯口

左右に振れば
・おばさんたちが
代わる代わる〜

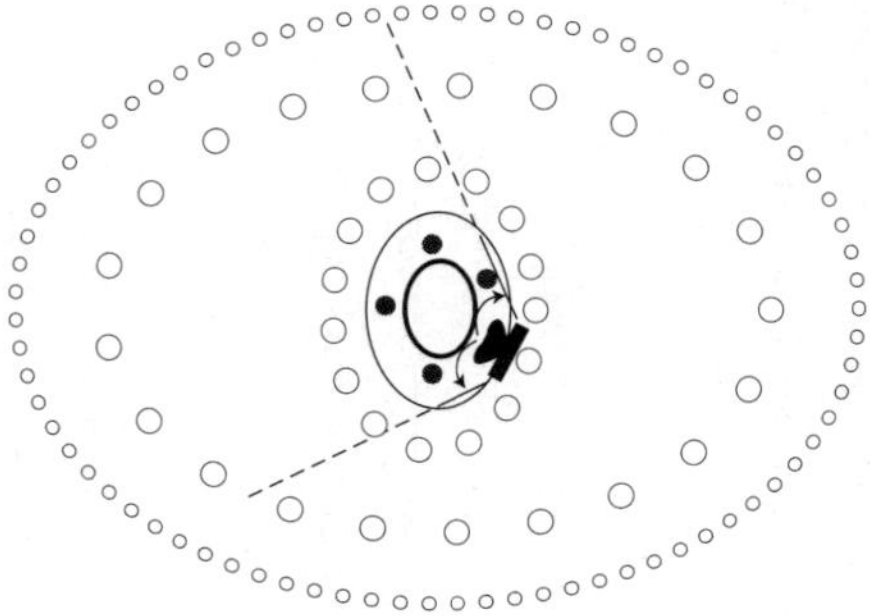

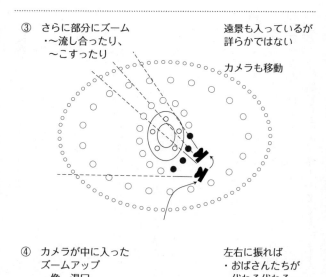

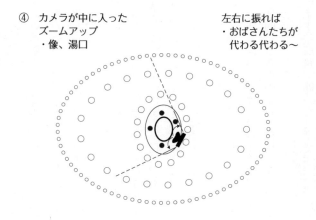

たちにあたっています。

その間、私も石段に突っ立ったままではなく、湯ぶねへ近づきます。入浴にきたのですから。カメラも移動しているのです。そして、「へりをまたいで、湯につかる。」、カメラを持った自分が、湯ぶねの中に入りました（④）。焦点はより近くなるでしょう。

自分が入った湯ぶねの中のようすはといえば、「中央には、二人の尊の像が、石の台座に載っていて、まるで公園の噴水のよう。」とか、「台座の下の四カ所から、湯が流れ落ちる。」とか。台座の下には、おばさんたちがいます。「代わる代わるとりついては注ぎたての湯でお腹を温めている。」広い絵のときも、写り込んでいたかもしれませんが、ここではさらにズームになります。

目というカメラが、どういう順に動いたか、追っていただけたでしょうか。あまり激しくあっちに行ったりこっちに行ったりせず、読み手がカメラワークに付いてこられるような、空間的に無理のない、また生理的にも無理のない、自然な順で描写を進めることを心がけます。

このように描写した後、枠組の文で言います。四角で囲った文章です。

「文化財たる建築と、それに圧倒されることなく、ふつうにくり広げられている、ローカルな日常とのミスマッチが、実にいいです。」

描写を受けて、こういうことですよ、と押さえる。エッセイは、この後宿の話に移りますので、この押さえがなしに移ると、書き手にとっての道後温泉本館が、つまりはどういうものだったかあいまいなまま、話が流れていきかねない。なので、そうならないよう、私にとっての道後温泉本館はこういうものであったよと位置付けます。

どこをセリフで言わせるか

■話し言葉を入れるわけ

枠組の文、描写、それを受けて枠組の文、というように、枠組の文と描写の、いわばコンビネーションで進めます。そして、セリフもありました。

「係りの人に言うて来て。機械の腕が上がらんのよ」

「お金入れたら、上がるんよ」

脱衣所で交わされていた会話は、それだけだったか。そうではないでしょう、ほかにも話し言葉がたくさん聞こえていたはず。このセリフを選んだのは、やはり私の主観です。描写が客観描写でないのと同じく、セリフにも、主観による取捨選択がはたらいています。なぜ、これを選んだか。

脱衣所で私が感じた、和やかなムード、お客さんどうしの気のおけない関係。短い中にもそれが込められているのが、このやりとりだと感じました。

お金を入れなければ機械が動かないのは当たり前なのに、なんて抜けている人か、などと言いたくて、このセリフを出すのではありません。「言うてきて」と頼める関係、和やかさを、読み手に感じてほしいからです。

そのことを、セリフの後に、枠組の文で押さえています。

「伊予弁は、関西弁をもっとのんびり、ゆるやかにした感じで、耳に心地よい。」

セリフを言わせっ放しではなく、それが自分にとってどういうものか、セリフを受けていったんまとめて、位置付けています。

描写して、枠組の文で受けてというコンビネーションで進めると、先ほど述べました。そこで描写したことが何であるか、押さえて進める。この枠組の文とのコンビネーションは、セリフとの間にも、みられます。

セリフと描写とは、どういう関係にあるか。ここでは、描写の補強になっています。

そこに入る前に、いまいちど三種類の文章のはたらきを振り返りましょう。

①枠組の文（≒説明）
●状況をおおづかみして、読み手に示し、読み手にもおおづかみしてもらう。どんなとき、どんなところ、何をしているとき？
●話を前に進める。時間の進行を示す。人物が登場したら、物が出てきたら、場所が変わったら、そのことを記し、簡単に紹介。
●位置付けを押さえる。
●テーマとの関わりを示す。
↓話のアウトラインを設定し、要所要所でポイントを示す。
②描写
●①でおおづかみに示した状況の中身を、具体的に書き込む。
●①で簡単に紹介された人、物、場所などを、詳しく書き込む。
↓アウトラインの中身を埋め、前後でポイントとして示されることを、感じられるようにする。
③セリフ（≒「　」≒話し言葉）
●エッセイ全体に活気や臨場感を持たせる。

●描写を補強する。
●枠組の文の中から抜き出し、印象を際立たせる（＊この後に、注意事項あり）。
●単調になるのを防ぐ。
●読み手の負担を減らす効果も。

■臨場感、再現性

セリフのはたらきのひとつが、描写の補強です。

「係りの人に言うて来て。機械の腕が上がらんのよ」

「お金入れたら、上がるんよ」

セリフの前後は、地元の人が文化財の中でも自分たちのスタイル、自分たちのペースでのびのびと過ごしている様子を、描写しています。その描写で感じてほしいのと同じことを、セリフからも感じてもらえたらと思って入れてある、それが補強の役割です。

同時にセリフは、読み手の負担を減らす役割もします。

描写をえんえん追っていくのは、読み手にとっては疲れることです。描写が非常にうまく、引きずり込むように書ける人もいますが、一般的には細かく細かく書き込まれていることに、ずっと付いていくのは、読み手にとって辛抱の要る、負担感を伴うことです。なので、途中でいったんセリフを入れて、ひと休みしてもらう。そういった効果もあるのです。

私も自分で書きながら、「うーん、描写が続いているな。これに付き合ってもらうのは、少々つらいかも」と思うと、「ここらへんで、一回セリフを入れておこうか」という感じで、入れることがあります。

さらに、セリフは話し言葉なので、臨場感があります。セリフを言っている人のキャラクター、そこでの人間関係、場の雰囲気などを、描写や説明よりも、言わば手っとり早く伝える。再現性が高いと言いましょうか。読み手の負担を軽減する効果は、この再現性の高さゆえでもあるかもしれません。

いくつか例を出します。さきほどの道後温泉紀行の終わり近くです。

「ちょっとシャワー使わしてな」

地元のおばさんが、観光客のお嬢さんがシャワーを使っているところにやってきて、

声をかける。びっくりして譲ろうとすると、

「ええんよ、ええんよ、そこにおって」

少し図々しい人。でも押しのけるつもりはない。いっしょに使う気らしい。人との間の隔てが、あんまりない人なのか。そういうのが当たり前になっている場なのか。言う人、言われる場を、イメージする助けになっているでしょうか。

■多用は逆効果

別のエッセイから例を引きます。どんな人を想像するでしょうか。

「ちょっと、何ぐずぐずしてんのよ、どっちが先でもいいから、早くお風呂に入ってよ!」

「まったくもう、いつまでも片づかないじゃない」

(「隣り合わせて」より『幸せまでもう一歩』所収)

言っているのは、女性だな。どっちでも、と言うのは、夫と子どもか、子ども二人なのかわからないけれども、とにかく家族がいる。そして日頃からちょっと、いらいらがつのっているのかも、という感じがするかと思います。

別の例です。トイレの蛇口の下に手を出して。

「あら、ひねんなきゃいけないの？　いやあね。誰がさわったかわかんないじゃない」
「今どき、紙も置いてないの？　建物はりっぱなくせに、こういうところでケチるのよね」

（「近頃、トイレで」より『幸せまでもう一歩』所収）

わがまま。文句の多い人。たぶん、ある程度の年配の女性。若い人は、こういうとき仏頂面で黙っているだけで、何も言わない、せいぜい、舌打ちするくらい。それに比べたら、ここまでストレートに口に出せる人って、無防備っていうか、悪人ではないのかも。いろいろな想像をさせます。

口調、敬語の交じり具合、理屈っぽいかどうか、訛りがあるかどうか、などによって、いろんなキャラクターや人間関係が書き分けられます。たいへん便利なものと言えます。

便利なものには、注意が必要です。

便利さを覚えてしまうとつい、描写するよりも、セリフで書く方が楽になってきてしまう。あるいは、枠組の文で情報を、段取りを考えながら出していくよりも、セリフなら、いっきに情報提示できてしまう気がして、使いたくなります。

でも、だからといって多用しない。

たしかに、キャラクターや人間関係、場の雰囲気を伝えて、効果的ではありますけれども、多用すると、効果が減じます。読者に印象づけるためには、絞って使う。ここはぜひ、セリフでもって伝えたいという、狙いどころに留める、言わば禁欲的な態度が、便利であるだけに求められるのです。

禁欲とバランスと

■ポイントがぼやけないために

だいじだと思うのは、枠組の文で押さえるべきポイントやアウトラインを、セリフに全部語らせない。

セリフは、すんなり読めるがゆえに、アウトライン、ポイントまで語らせると、アウトラインやポイントが、あいまいなまま流れてしまいかねません。

話し言葉は、リアルであると同時に、冗漫でもあります。冗漫ということは、アウトラインやポイントが、ぼやける危険があるわけです。枠組の文で言うべきことの、一部だけをセリフに取り出すのは、印象を際立たせる効果を期待できる方法です。けれども、全部をセリフに乗せてしまうことは、しない。アウトラインやポイントを、読者に的確に伝えるために、注意したいことです。

ここでも実験をします。まず、もとのエッセイです。

料理をしない主義

　会社勤めの女性が引っ越したので、転居祝いに鍋でも贈ろうかと申し出たところ、

「悪いけど、私、料理はしないんだ」

「あんまり……する方じゃない」などの、ニュアンスをいっさい排し、「しない」と断言したのには、ちょっとびっくり。

　体は資本と、年々感じる。なじんだ味は自分のホームポジションのようなところもあるから、ひとり暮らしが長くなるにつれ家で作るようになるものと、自分をはじめ、周りの例から思い込んでいた。

　確固たる口調で彼女が言い切ったのにはわけがある。ときどきは作ろうと、材料を買ったりはしていた。が、帰りが遅くなったりして何かと予定がくるい、材料を腐らせたり、せっかく作り置いたおかずを捨てなければならなかったり。

「食べ物をゴミ袋に入れるときの、あのみじめさと言うか罪悪感みたいなのは、なんとも名状し難いものがあるよ」

めげることが続いた彼女は、ある半月間をとり、統計的に答を出すことにした。その結果、材料のムダも考えると、彼女の場合、出来合いのを買う方が作るより安いという、数字がはじき出されたという。

計算の詳細までは示されなかったが、彼女の言うには、材料には、生鮮食品だけでなく、調味料をとり揃えねばならないことも含まれる。光熱費だってバカにならない。ガス代だけでなく、材料のストックには冷蔵庫だってそこその容量のが必要だから、その電気代。さらに、食器を洗う水道代。食洗機の広告が、水道代の節約をうたっているように、洗い物には結構水が要る。蛇口は、水と湯の混合栓だから、そこでもまたガスを使う。

引っ越しにあたり、期限切れの調味料を大量に処分したのを機に「これからはもう、料理はしない」と決めたそうだ。

出来合いのものばかりと聞くと、「栄養が偏るのでは」ということが、私の頭にまず浮かぶ。「そう思うでしょ、でも今度の家の近くで、惣菜売り場に行って、考えが変わった」と彼女。今の惣菜は、栄養面も考えられており、サラダひとつとっても葉ものに限らず、根菜、豆、海藻など、さまざまな種類のものが入っていて、カロリー表示もしてある。健康のめやすとされる、一日三十品目とはいかないまでも、ひとりの食事でもっとも難しい多品目が、実現されている。すでにお気に入りの店も、何軒かみつけたという。

私もときどき惣菜屋で買うから、彼女の言うことを、わからなくはない。が、出来合いのものばかりでは満足できなくなるのは、塩辛さや甘みの加減が、自分のとはどうしても違うから。不経済かも知れなくても、やっぱり作らずにいられないのは、つまるところ「自分の味を捨てられない」、そこに帰着する。

せっかく入所できた老人ホームを、食事が口に合わないがために出てしまい、ひとり暮らしに戻った高齢者の女性の話も、読んだことがある。味覚とは、それほどパーソナルなものなのだ。やすやすとは手放せない。

それとも、私がまだ自分にぴったりの惣菜屋に出会っていないからだろうか。

（『幸せまでもう一歩』所収）


テーマの与えられていたエッセイです。ひとり暮らしの女性に関することというテーマです。女性との会話がもとになったエッセイです。

書き出しは、枠組の文、次いでセリフです。

会社勤めの女性が引っ越したので、転居祝いに鍋でも送ろうかと申し出たところ、

「悪いけど、私、料理はしないんだ」

「あんまり……する方じゃない」などの、ニュアンスをいっさい排し、「しない」と断言したのには、ちょっとびっくり。

体は資本と、年々感じる。なじんだ味は自分のホームポジションのようなところもあるから、ひとり暮らしが長くなるにつれ家で作るようになるものと、自分をはじめ、周りの例から思い込んでいた。

書き出しの5行を、枠組の文章なしで、セリフだけで始めることもできます。もともとが、会話でしたので。すると、こうなります。

「私引っ越したの」

「あら、そう。じゃあ転居祝いに何か送らなきゃ。鍋なんかどう？」

「悪いけど、私、料理はしないんだ」

体は資本と、年々感じる。なじんだ味は自分のホームポジションのようなところもあるから、ひとり暮らしが長くなるにつれ家で作るようになるものと、自分をはじめ、周りの例から思い込んでいた。

二つを比べてみてください。セリフだけで始めても、意味が通らないことはありませんが、冗漫で、ポイントがぼやける感は否めません。

彼女との会話で私が「ええーっ」と思ったのは、「料理はしない」と言い切ったところにありました。

それは、セリフとして出す。そこを際立たせるために、その前に交わした会話は、セリフにしないで、枠組の文に入れ込みます。

なおかつ、とり出したセリフを、その後に枠組の文で説明する。しないと断言したのが、私には驚きだった。そのことを、枠組の文で言う。セリフとして出されたものが、書き手の自分にとってどういうものだったか、セリフを受けて、いったん位置付けるわけです。

セリフで書こうと思えば書けることでも、もともとがセリフだったことですらも、全部セリフにするのではない。印象的なことだけ、セリフとして残す。

その上でさらに、どう印象的だったかを、枠組の文で押さえる。その位置付けがあって、次に続く、「家で作るようになるものと～思い込んでいた」、その思い込みとのギャップが、ポイントとしてよりはっきりします。

■誰のエピソードか

同じエッセイで、もう一箇所見てみます。

出来合いのものばかりと聞くと、「栄養が偏るのでは」ということが、私の頭にまず浮かぶ。「そう思うでしょ、でも今度の家の近くで、惣菜売り場に行って、考えが変わった」と彼女。今の惣菜は、栄養面も考えられており、サラダひとつとっても葉ものに限らず、根菜、豆、海藻など、さまざまな種類のものが入っていて、カロリー表示もしてある。健康のめやすとされる、一日三十品目とはいかないまでも、ひとりの食事でもっとも難しい多品目が、実現されている。すでにお気に入りの店も、何軒かみつけたという。

「という。」で終わるように、「今の惣菜は」以下はすべて、彼女の話したことでした。でも、すべてをセリフにする必要はない。むしろ、セリフで流れてしまうより、読者の頭にとどまってほしいので、枠組の文に変えました。

「そう思うでしょ、でも〜」と、一部をセリフで残したのは、ひとつには、枠組の文で、栄養、カロリー云々と続くと、読者に飽きてしまわれかねないので、単調さを防ぐ。


もうひとつには、読者にときどき、思い出してもらう。「これは、私の経験ではない、ある女性が私に言ったことですよ」と。このエッセイには、料理をめぐり、私の例と彼女の例とが出てくるので、どっちがどっちかわかるようにしておかないと、「これは、あなたのこと？　彼女のこと？」と、読者が混乱し、流れを追えなくなります。


彼女の話であることの、いわば証として、一部をセリフで残しておく。

証は、それだけではありません。99頁と100頁で傍線をしたところを見てください。「彼女の言うには」「〜そうだ」「〜と彼女」「〜という」とあります。こうした話者の提示、伝聞型を用いて、誰の言ったことか示します。

話された言葉であっても、どれをセリフにし、どれを枠組の文にするか考える。

おさらいすると、この章で述べたのは、文章を枠組の文、描写、セリフの三種類に分けてとらえて、それぞれのはたらきを意識すること、三種類の割り振りを常に考え、バランスをとりながら配置し、文章を進めることです。

第三章

リスク回避と情報開示

――「自分は他者でない」宿命を超えて

読みにくさは個性か

■読みやすさの必要性

第二章では、エッセイを成り立たせている文章を、そのエッセイの中で果たしている役割、はたらきによって、三種類に分けてとらえました。①枠組の文、②描写、③セリフ、です。それらの取り混ぜ方や、注意事項を話しました。小説や評論といった、文芸の他のジャンルとの違いにも、言及しました。

三種類の文章の具体例を、私のエッセイに即して見てみました。それぞれのはたらきの他、特に注意を喚起したのは、描写をして、枠組の文で受けるというコンビネーション。セリフについては、話された言葉すべてを「　」の中に入れるのではなく、必要に応じて枠組の文に出していくこと、などです。

ここからは二章にわたって、読みやすさを実現するための工夫について話します。ここまでよりさらに細かな、技術的なところへ入っていきます。

まず、読みやすさ、これから話す工夫によって実現を目指す読みやすさ、その必要性についてです。

なぜ、読みやすさを目指さないといけないのか。読みにくいのも個性ではないのか、という考え方もあるでしょう。著名な書き手の作品にも、読みにくい文章がたくさんある、むしろそれで特徴付けられ知られている人もいる。文芸は個性の表現なのだから、そして読みにくさが自分の個性であるなら、読みやすくする必要はないではないか、と。

しかし、文芸は、書き手が発するだけでは成立しません。発したものを読み手に受け止められてこそ成立します。表現はちょっとよくないですけれど、自分が個性と思うものを一方的に垂れ流すのでは、文芸たり得ないのです。

文芸の中でも、特にエッセイはそうです。エッセイの要件を、この本の初めに述べました。

Ａ「自分の書きたいこと」を、

Ｂ「他者が読みたくなるように」書く。

小説であれば、文章が多少読みにくくても、読み手が辛抱して読んでくれることはあるでしょう。そこに書かれている未知なる世界、自分では経験できないようなシチュエーションのものめずらしさにひかれて、あるいはストーリー展開につりこまれて、読みにくさを辛抱してでも「読みたくなる」ことはあり得る。

対してエッセイは、特別ものめずらしいシチュエーションや未知の世界を扱うわけではありません。むしろ、誰にでも覚えがあるできごと、「ある、ある、へえーっ、そうなんだ」の文芸と述べたように、よくあること、読者も日常的に経験する、もしくは経験しそうなことを扱います。言い替えれば、非日常への期待感で、読みにくさを乗り越えてもらうことは難しいジャンルなのです。

長さの問題もあります。この本でいうエッセイは、長さが800字から1600字までのものを前提とする、エッセイは400字詰めで何枚程度というものが多いと述べました。その短さだと、小説でよく言われる、ストーリーがうねりはじめて読むのをやめられなくなる、といった展開をするほどの紙幅はありません。

以上のことから、読みやすさについてエッセイに求められる水準は、文芸のほかのジャンルに比べて高いと、私は感じます。

読みやすさの必要性はわかっていただけたとしましょう。その先にこそ、大きな問題があります。

誰だって自分の書いたものが、人にとっては読みにくいとは、ゆめにも思っていないという点です。

そこには、第二章でも出した図式、

自分≠他者

自分は他者ではないという本質、書き手と読み手の間の宿命的な溝が、横たわっています。

自分≠他者の宿命を超えて

■読み手はヤマ場が見えていない

ふだんの会話でも、次のようなことはないでしょうか。相手の人がとても勢いに乗って喋っている。この前ね、どこどこに行ったときにね、何々さんて知ってるでしょ？　あの人と一緒に行ったんだけど……。

相手はとても調子づいて、ほとんど笑い出しそうに喋っているけれど、聞いている自分は、いったい何の話をしたいのか、話がどこに行くのかわからず、相手が面白そうにしていればいるほど、苛々してしまう。

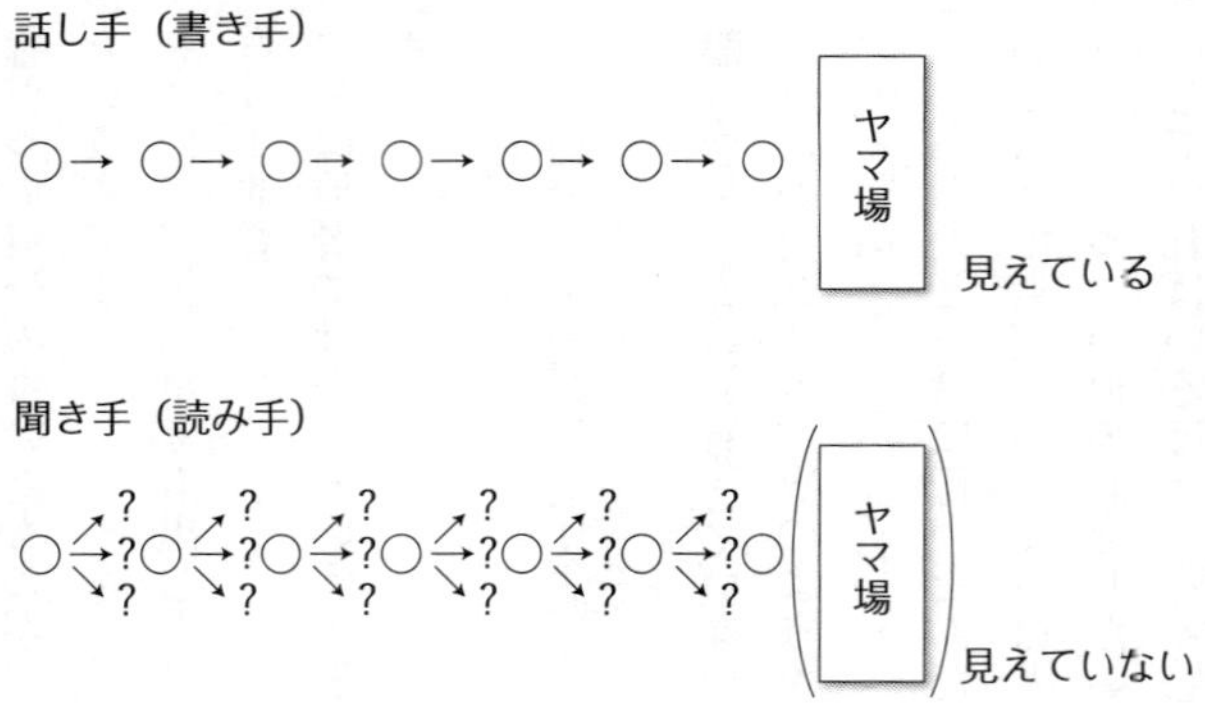

話し手は、自分の中にすでに準備されているヤマ場に向かって、話を進めているつもりでいます。何々さんとどこどこに行ったときの面白いできごと、「ええーっ」と思ったできごとです。

相手に「へえーっ」と思ってもらいたいこと、起承転結の転がまずあって、そこへ聞き手を導いているつもりでいます。

聞き手は、いったいどこへ連れていかれるのか、皆目見当がつきません。聞き手の中には、ヤマ場はまだないのです。どこへ向かう話かわからぬまま、相手の口から発せられる一語一語、一文一文に耳を傾け、聞きとり、この一語がさっき聞いた語と、この一文がさっき聞いた文とどうつながるのか、全注意力を払ってつかもうとします。

模式的に示したのが、右の図です。

■たどる相手の身になって

話し手は、ヤマ場へと一方向に進むつもりで並べている言葉なり文章なりのひとつひとつが、聞き手にとってはすべて、いろいろな方向に進み得る可能性を持つ言葉であり文章である。いろいろな可能性の中から、話し手の言おうとしているだろうつながりを、必死になって探ります。

エッセイの書き手と読み手の関係も同じです。書き手には見えている、読み手には見えていないのです。

それは突き詰めれば、自分は他者ではないことから発しています。

A「自分の書きたいこと」を、

B「他者が読みたくなるように」書く。

単純な定義ですが、そこには自分≠他者という大きな断絶があり、その断絶を、400字何枚という短さの中で、なんとか克服していかねばならない。エッセイのもっとも本質的な課題です。

自分にとっては、別にそんな重たいことを書いているわけではなくとも、題材のいかんにかかわらずとにかく、人に読んでもらうということそのものが、たいへんな負担を人にかけるわけです。そのことをよくよく心しなければなりません。

自分≠他者の本質は変えられないけれど、読み手と書き手の間の溝をできるだけ埋める。読み手の負担を、できるだけ軽減する。それには、一語一語のつながり、一文一文のつながりについて、こうではないか、ああではないかと迷うような幅をできるだけ狭めて、読み手の苦労をなるべく少なくする努力が、何よりも求められます。

読みやすさの工夫は、これまでの話に比べて、枝葉末節と思われるかもしれませんが、上記の理由から、エッセイの本質に関わることだと、私は位置付けています。

初めの一行でつかむ？

工夫の各論に入ります。まず、書き出しです。私の本の中から例をいくつか引きましょう。書き出しの数行だけを並べてみます。

このところ、はまっているものがある。足もみ。足裏のツボ押しマッサージだ。店が増えたのも、要因のひとつ。このての商売がいかに流行っているかがわかる。

（「私たちは疲れている？」より）

もう十年も前のこと。両親を連れて、温泉に行った。いわゆる高級旅館ではなく、家庭的で、こぢんまりした宿。

（「理想の朝食」より）

店などにときどき飾ってありますね。ひと筆がきふうの絵に、句らしきものが添えてある。俳画というものだそう。

（「お寺で俳画を」より）

してみたい習い事はたくさんあるが、そのひとつがお茶。お道具のことから、お軸、生け花、室礼、作法など、日本文化のいろいろなことに関係する、とっても奥が深いもののようなのだ。

（「お茶会はじめ」より、いずれも『ぼんやり生きてはもったいない』所収）

■いつの間にか入っている

読んで、しばらく過ぎてから、さて書き出しの一文は何でしたか、と問われれば、たいして記憶にも残らないものばかりだったかと思います。足つぼマッサージの話、宿の話、俳画の話、お茶の話に、いつの間にか入っていた。まさしくいつの間にかであって、特に印象的な文があったわけではない。

それでいいと思います。それがいいと、私は思っています。

書き出しでもっともだいじだと私が思うのは、なるべく抵抗なくエッセイの中に入ってきてもらうことです。

書き出しの一行で引きつけよ、とよく言われます。エッセイの選考委員は、書き出しの一行でもってはねてしまうんだよ、と。

でも、私が選考委員をつとめた限りでは、そのような読み方はされていませんでした。

もし書き出しの一行ではねられてしまうことがあるとすれば、いわゆる、つかみが弱いからではなく、読みにくかったり、かっこうをつけて難解であったりして、こんなことでは先が思いやられるとして、読む気をなくされるケースです。

書き出しの一行に意外性を持たせて、つかみを作る。まれには成功するかもしれません。が、そっぽを向かれる危険も合わせ持っています。また、長い小説ならばまだしも、短いエッセイでは、その意外性に応えられるほどの展開を、限られた紙幅の中で、しきれないのがふつうで、気負っただけで終わりがちです。

書き出しに凝るのは、リスキーといえます。

そうしたリスクは、私ならば避ける。印象的な一行を置くよりも、さりげなく始める。何が書き出しだったか忘れてしまうぐらいにします。

書き出しにおけるリスク回避

■避けるべきこと、許されること

書き出しで避けた方がいいと私が思うのは、次のものを、第一行にいきなり持ってくることです。

●決めゼリフ　例：男と女の間には深くて暗い川がある。

●比喩　例：人の心は万華鏡だ。

●定義　例：愛とは惜しみなく与えること。

テーマの与えられたエッセイで、「～というテーマが与えられた、辞書をひいてみると～」は、ありがちですが、私は勧めません。あまりによくあるためと、内容が少ないから字数を増やしている印象になるためです。

逆に、許されると私が思うのは、「～ですね？」「～ませんか？」といった呼びかけ、同意を求める問いかけ。さきほど引いた、

店などにときどき飾ってありますね。ひと筆がきふうの絵に、句らしきものが添えてある。俳画というものだそう。

俳画のように、いきなり言葉を出しても、一般になじみがないかもしれないもの。それについては読み手に、「あ、あれか」となんとなく、つかんでおいてもらってから、徐々に本題に入っていきたい。「店などにときどき飾ってありますね。」とまず呼びかけ、「ひと筆がきふうの絵に、句らしきものが添えてある。俳画というものだそう。」と、読み手の中にイメージがわくのに歩調を合わせて、話を始める。後ほど、

情報の出し方のところでも話します。

「です、ます」と「だ、である」が混じる、敬体と常体の混用は、一般には避けるべきこととされています。校正さんから統一するようにと指摘を受けることもあります。

ですので、必ずしもお勧めするわけではありませんが、読みやすさのための工夫として許されるだろうと、私は思っています。書き出しの他、エッセイの途中でも、やや堅い論を述べるときや、勢い込んでたたみかける調子の続いたときなど、読み手にひと休みしてもらうつもりで「です、ます」を置くことも、私はしています。

■文は短く

書き出しの工夫の続きです。初めの一行について話しました。それに続く数行は、一文は意識的に短めにします。さきほどの俳画のエッセイの導入です。

> 店などにときどき飾ってありますね。ひと筆がきふうの絵に、句らしきものが添えてある。俳画というものだそう。

三つの文から成っています。一文で続けることもできなくはない。

店などにときどき飾ってある、ひと筆がきふうの絵に、句らしきものが添えられているのを、俳画というそうですが……、

書き出しとしてはつらい長さです。

短く切りたいがために、倒置法を用いています。「店などに飾ってありますね。」と述語を先に出しました。何が、にあたるのは、「ひと筆がきふうの絵に、句らしきものが添えてある」ものですが、長いので、述語を先に出していったん文章を切り、主語を後回しにしました。倒置法を勧めるのではなくて、倒置法を用いてでも一文を短くする方を優先したのです。さきに挙げた、他の書き出しの例でも、一文の短いことを感じていただけるでしょうか。

もう十年も前のこと。両親を連れて、温泉に行った。

いわゆる高級旅館ではなく、家庭的で、こぢんまりした宿。

このところ、はまっているものがある。足もみ。足裏のツボ押しマッサージだ。

店が増えたのも、要因のひとつ。このての商売がいかに流行っているかがわかる。

最後の例を、続きを含めて、もう少し引きます。

このところ、はまっているものがある。足もみ。足裏のツボ押しマッサージだ。店が増えたのも、要因のひとつ。このての商売がいかに流行っているかがわかる。事実、夕方になると、横にいくつも並んだ寝椅子が、勤め帰りの女性で、ずらりと埋まってしまうのだ。

とにかく気持ちいい。マッサージ師のなめらかな掌につま先が包まれると、それだけでもう、スイッチがオフになったみたいに、とろーんとなる。あれは絶対、心身をリラックスさせる、なんとか波が出てるな。

ツボだから、対応する体の各部位にも効き目があるんだろうけれど、私にとってそれは二の次。あの、わが足を人の手にゆだねて、弛緩しきった状態がいいんです。それだけふだん、緊張しているのだろうか。自分でも知らないうちに。

「癒し」という言葉は、あんまりにも言われ過ぎて反発があるし、何でもかんでもその語を冠して市場に参入してくる企業には、「ちゃちな仕掛けで、女性たちのなけなしの収入を巻き上げようとしている、せこい商売」

と批判的な私だが、

「こういうのが、癒しを求めているということか」

シャクだけれど、認めざるを得ない。

書き出しの数行を過ぎたら、だんだんに長い文も入れています。

一文一文を短くすることは、書き出しに限らず、エッセイ全般に言えることですが、中でも書き出しの方の数行では、特に意識的にします。私も本になってから読み返して、あ、ここはもっと切れる、もっと短くすべきだったと悔いることが、実はずいぶんあるのです。

おさらいを兼ねて注意事項をまとめます。

●一文を短くする。

●倒置法を交えてでも。

●必要に応じて、問いかけ、呼びかけ（「～ですね」）を交えてもよい。
●徐々に。
●情報を少しずつ出す。

情報の提示の仕方については、改めて項を設けて述べましょう。

情報は少しずつ開示

■徐々に、全体から部分へと

情報を出すのには、何よりも急がないことです。少しずつ開示し、読み手の中に入っていくのを待ちます。

「このところ、はまっているものがある。」と来れば、読み手の中に起こるのは↓何に？　という反応でしょう。次で答える。

足もみなのよ。↓足もみって何だっけ？

足裏のツボ押しマッサージだ。↓あ、マッサージでも足裏だけ押す、あれね。

店が増えたのも、要因のひとつ。↓そういえば見たことあるかも、看板を。掛け合いとでもいうのか、そのように一回一回切って、読み手の反応を受け止めながら、少しずつ話を進めます。

情報を出していく順序は、全体像を先につかんでもらってから部分へ行くのが、伝わりやすいと思います。

もう十年も前のこと。両親を連れて、温泉に行った。いわゆる高級旅館ではなく、家庭的で、こぢんまりした宿。朝ごはんも、夕ごはんと同じく、部屋出しではなくて、他のお客さんもいる食事室で。

このとき、「両親を連れて、温泉に行った。」の後、すぐに「朝ごはんも、夕ごはんと同じく、部屋出しではなくて、他のお客さんもいる食事室でとる宿」とするよりも、間にひとつ、文を入れる。「いわゆる高級旅館ではなく、家庭的で、こぢんまりした宿。」その一文で、まず、旅館全体の感じを、読み手に知ってもらいます。ごはんが部屋出しではなく食事室。それはどんな旅館かを読み手につかんでもらう上で、具体性のある、よい情報だけれども、いきなりそれでは部分に過ぎるので、まず全体をイメージしてもらうのです。

●急がず（いちどに出さず）少しずつ示す（ことで、読み手の中へ入っていくのを待つ）。

●全体（像を先につかんでもらって）から部分へ。

書き出しにおいて特に心がけますが、エッセイにおける情報の出し方全般として言えることです。

■空間、動線、時系列にそって

情報の出し方の順序は、全体から部分へ、の他にも、次のようなものがあります。

●空間的な順序にそって述べる。

第二章で道後温泉のエッセイを読みました。そこでは、脱衣所ではこう、湯殿ではこう、洗い場ではこう、湯ぶねではこう、と空間的な順序にそって述べています。

●動線に従って述べる。

道後温泉のエッセイで、「脱衣所に入ると」「湯殿へ足を踏み入れると」「へりをまたいで、湯につかる」と、といったように、自分の動線に従って述べました。

この例では、書き手である私が空間内を動いているので、空間的な順序と、動線にそってとがほぼ一致していますが、書き手は動かないケースもあります。

●時系列にそって述べる。

これまで例に引いたエッセイでは、「あの、ぬるく、水っぽいお粥」がそうです。「術後すぐの数日」「解禁前夜」「その朝」と話が進む。これは、頭に入りやすいけれど、単調になりがちです。

この時間、空間、動線にそっての三つは、比較的自然に思いつくことでしょう。

このほかに、論理的順序ともいうべきものがあります。それには、いろいろなバリエーションがあり、さきの三つよりもテクニカルなものといえます。

隠れたる論理的な順序

■論理的順序とは

論理的順序とはどのようなものか、イメージしにくいことでしょう。すぐに各論へ入ります。その方が、とらえやすいかと思います。

●箇条書きふうに出す。

逆境に強くなる！

こんなことを言うと嫌われそうだが、この年まで逆境らしい逆境に遭わずにきた。人からも、

「人生順調、苦労知らずって感じだね」

と、よく言われる。かつては内心、

「私にだって、人並みの苦労くらいはあるわよ」

と反論したい思いもあったが、この頃では、むしろ誉め言葉と受け止めている。眉間に皺の刻まれていない、円満な顔つきをしていると同義語だと思って。

自分なりの小さなスケールでの、試練の時めいたものは、なくはなかった。正社員で就職した会社を辞めて、その後の貧乏。今も不況で、連載していた雑誌が突然なくなったりするが、先のわからないのは、この仕事の常。改めて、どうということはない。

最近のできごとでは、母の死、自分の病気、入院かな。でも、順序からして、親を送るのは子のつとめ（逆だったら、そっちの方がたいへん）。病気だって、私のような手術を伴うものではなくても、アトピーなどつらい症状を抱えている人は、たくさんいる。

要するに、どれもこれもが、人がふつうに生きていく上で遭遇するであろう、課題の範囲内におさまっている。

あ、でも、同じできごとに出会っても、そうはとらえない人もいるかも知れないな。そこで、私の日頃からの発想を、箇条書きにしてみると。

一、自分だけに「特別」なことと思わない

例えば、親の死は、むろん悲しいできごとではある。私も、葬儀の間は気を張

っているが、それがすんだら、どのような喪失感にとらわれるのかと思った。一方で、

「ほとんどの家で、親が先に死ぬのである。でも皆、喪があければ、何事もなかったかのように日常生活に復している。私だけに、それができないこともあるまい」

と。悲しみはほんものでも、同時にそれは「よくあること」だと思うこと。多くの人が共通に、行き当たり、乗り越えていることだと認識する「普遍化」のプロセスが、立ち直りへの第一歩だ。

二、自分で決めたことだから

このままでいいのかという疑問にかられ、会社を辞めてしまった私。親からは反対されなかったが「この先もう、正社員で働けることはないだろうとだけは、覚悟しておくように」と言われた。果たして、事務しかしたことのない二十五歳の女性を雇ってくれるところは、そうそうなく、時給八百円のパートタイマーとして、掃除、コピー取りの日々となる。

外食するお金はないので、昼はもちろん、お弁当持参。巷にあふれるおしゃれやグルメ情報は別世界だし、元同級生たちとは、はなはだしく差がついてしまっていたが、不遇とは感じなかった。収入が著しく落ちるのは、辞めるときから、

わかりきっていたこと。その上で、自分で決めたことだから。

逆に、親に強いられ、とか、人を気にして前の会社に勤め続けていたら、その方がずっと精神衛生に悪かった。「自己決定、自己責任」の原則で行けば、結果がどうあれ、割り切りがつく。

三、ユーモアを忘れない

オーストリアの精神科医にして思想家のフランクルは言った。深刻なときほど笑いが必要。ユーモアは、自己維持のための闘いにおける武器である。

「せっぱ詰まった人間に、そんなこと無理！」

と言い返したくもなろうが、フランクルがナチスの強制収容所にいたという、極限状況を知る人であることを思えば、説得力がある。

私の経験など、フランクルと比べるべくもないけれど、手術後、点滴の台をひきずりながら病院の庭へ出たときのこと。サナトリウムを思わせる木立の中のベンチに座り、

「もしも、私に恋人がいたら、ここに並んで腰掛けるのね。弱った体をいたわられながら、変わらぬ愛を誓い合うのね」

などと思っていたら、突然、脇腹がむずむずずっと痒くなる。

「何事⁉」

飛び上がり、パジャマをはたくと、なんとアリが！　ベンチの下の地面に、ちょうど巣の出入り口があったのだ。

悲劇のヒロイン的気分にひたっている間、足もとからアリがせっせと這い上がっていた図を想像し、思わず笑った。

視点をずらして、客観化すれば、どんなところにもおかしみがある。それをみつけることを、フランクルは「自己距離化」と呼んでいる。

四、「分割式」でとらえよう

困難な状況に直面したとき、全体をひとまとまりでとらえると、とてつもなく大きく思われ、パニックになりがちだ。そんなときは、部分に分ける。

まず、量的な分け方。これは、手の内をあかすようで、かつ、あまりに単純なようで何だが、「原稿用紙三百枚」と言われると、とてもとてもと思うが、「三十枚を十本か」ととらえ直せば、できそうな気がしてくるのだ。

質的な分割もある。自分で変えられるものと、変えられないものとを、分ける。前者については、とりあえず、考えの対象からはずす。後者についてのみ、知恵をめぐらす。

私の最近のできごとでいえば、病気になった、そのことは変えられない。なので「なぜ？」「私の何がいけないというの？」などと思い煩うのは、時間とエネルギーの空費。でも、病とどう付き合っていくかについては、コントロールできる。そっちにこそ、心をくだくべき。

五、心の「遠近法」を使い分ける

今でこそ、リストラもめずらしくなくなったが、終身雇用が一般的だった頃は、「よくそんな、先々の保障のない働き方に耐えられますね」と呆れ半分、秘訣を尋ねられた。私の答えは、

「目先のことしか考えないんです」

あながち冗談でなく、そうするようになったきっかけがあるのだ。

三十歳過ぎた頃、占い師に看てもらう機会があって、そのとき、すごく考えた。もし「将来、あなたに書く場はなくなります」と言われたら、私が今日することは変わるだろうか？

「いいや」と首を振る。

明日がどうあれ、私にできるのは、今日は今日で目の前にある仕事を、昨日までと同じ姿勢で続けること。それしかない。その積み重ねが、もしかすると、将来を変えることにつながるかも知れないのだ、と。

その逆に、長いスパンでとらえた方が、気が楽になるときもある。胃が痛くなるような仕事を、三日後に控えているとき、「三日間のがまんだ。四日後には、

のびのびと解放されているんだ」「人生のうちの、たった三日間なんて、どうってことないさ」。

心の遠近法とでもいうべきものを、ときに応じて、うまく使い分けよう。

六、自分の不機嫌に無関心でいる

フランクルもそうだけれど、私が座右の銘とする言葉を言った人が何人かいる。フランスの哲学者アランも、そのひとり。彼の言うには「幸福の秘訣のひとつは自分自身の不機嫌に無関心でいること」。

私も、ときに落ち込むこともある。いつまでも続くようなら、原因を探る必要があるが、人の機嫌なんて、その日の天気、体調など、ささいなことに左右される。いちいち気にしていては、身がもたない。最善の策は、しばらく放っておいてみる、こと。

多くの神経症患者を治癒に導いた森田正馬《まさたけ》は、「感情の法則」を唱えている。感情は、それに注意を集中すればするほど強くなるが、自然のままにしておけば、ひと上りした後、下り、やがてはおさまる、と。とらわれたり、無理にうち消そうとしたりせず、今日は今日のなすべきことを、予定どおり、こなしていればいいのである。

座右の銘として、もうひとつ、

七、他人の意志はコントロールできないを挙げておこう。古代ローマの哲学者エピクテトスは言う。「なんぴとも他人の意志の主人にはなれない」と。

職場でも、家族、友人との間でも、行き違いに悩むことはある。「私はそんなつもりでしたことではないのに、なぜわかってくれないんだろう」と。

ストレスフルな状況ではあるが、相手にはこちらの言葉や行動を、どのようにでも受け止める「自由」があること、「こう思え」と命ずることはできないことを、心しておかないと。理解を求める努力をしたら、後は、自分の信ずるところを行うほかないのである。

以上が、私の七箇条。逆境を逆境としないで、曇りのない表情を保てるかどうかは、気の持ちようによるところも、大きいのだ。

（『ぼんやり生きてはもったいない』所収）

初めに近い方に、「私の日頃からの発想を、箇条書きにしてみると。」とあります。そうことわった上で、一、二、三と、挙げられていきます。

エッセイでは、少ない形です。私の何箇条といったテーマを与えられたとき、あるいは、自分で私の何箇条といったタイトルを付けたときにします。

箇条書きでは、順序はさほど気にしなくてすむように思えます。ただ、エッセイのまとめに結び付きそうなものを、箇条書きの最後の方に持ってくる工夫は要します。順序が単純であるぶん、提示する中身が読ませるものでないと、つまらないと思われてしまうため、易しそうでいて難しいといえます。

■わかっていること、いないこと

●既知から未知へ並べる。
読み手が知っていそうなものから先に出し、なじみのないものへと話を進める。俳画のエッセイがそうです。導入から初め、少し先まで引いてみます。


店などにときどき飾ってありますね。ひと筆がきふうの絵に、句らしきものが添えてある。俳画というものだそう。

連れと話していても、

「あれ、何て書いてあるんだろう」

「どれどれ」

と、目がとまる。絵そのものは、どちらかというと脱力系。心なごませると同時に、奥深いものがありそうな。

俳画の教室が、宇治にある萬福寺の紫雲院にて、月に一回開かれているとか。ちょっと遠いが、お寺で俳画を習うというシブさにひかれて、行ってみた。先生は、紫雲院の院長にして萬福寺の執事長、赤松達明さん。現代俳画協会の会長でもあられるそうだ。


「店などにときどき飾って」「ひと筆がきふうの絵に、句らしきもの」「脱力系」読み手の思いあたりそうなことから出す。必ずしも初めから俳画をイメージできないかもしれない、武者小路実篤のなすびの絵で「仲良きことは美しき哉」とか書かれているような、ちょっと違うものを思い描くかもしれないけれど、それでもいいのです。まずは既知に訴えて、イメージを作ってもらってから、未知のものへ移っていきます。

●（データなど）堅い情報は、分けて配置する。

堅いとは、どういうものでしょう。例として、75頁からの道後温泉エッセイを、たびたびですが見てください。前半に傍線を引いたところがあります。「お寺ともお屋敷ともつかない」という建物についての情報。旅館ではない、という、施設の用途。「松山空港からバス」という行き方の情報。「道後温泉本館」という名称。木造三階建、瓦屋根、銭湯、築百十年、国の重要文化財、現役の公衆浴場、などなどです。これらは、観光パンフレットやガイドブックには、施設データとして一箇所にまとめられていそうな、どちらかというと堅い情報です。

俳画のエッセイでも、右頁で傍線を引いたところが、それにあたります。

こうしたデータは、まとめて書いても、読み手は頭に入らないし、どうかすると嫌になってしまいます。書き手はいちどきに仕入れた情報でも、エッセイにするときは、集中して出さないで、少しずつ分けて開示していく。そういう操作を、あえて加えます。

●一部の情報開示をあえて遅延する。

さきの、頭に入りやすくするため分ける、というのよりも、さらに作為的な出し方です。ある効果を狙ってのものです。例を挙げます。

電気が点かない！

金曜の夜、九時近く、家に帰ってきた私は、ドア脇のテンキーを押して、「？」と首を傾げた。ドアがウンともスンとも言わない。

自室のドアはテンキーか鍵で解錠できるようになっているが、そのテンキーに、反応しない。

「ええっ、入れない？」

とパニックになるところだけれど、慌てず騒がず、バッグから鍵を出す。前にテンキーの故障で開けられず、ドアの前まで戻りながら、やむなくホテルに一泊したことがある。以来、万一の時に備え、必ず持ち歩くようにしていた。

入って、電気を点けようと、靴脱ぎのところの壁のスイッチを手探りで押した。が、まっ暗なまま。

テンキーだけの問題ではない、本格的な異変を感じた。

停電か。ドアから半分身を乗り出して、確かめれば、同じマンションのよその部屋の灯りは点いている。うちだけが、停電？

勘を頼りに奥へと進み、突き当たりの小箪笥の抽斗《ひきだし》から、懐中電灯を取り出した。これだけは助かった。地震の教訓から、常に置いておくようにしたのが、役立った。

ブレーカーが下りている。このせいか。

でも、それも怪しい。ブレーカーが落ちるなんて、夏におおぜいで冷房をがんがんかけながら、ホットプレートで焼き肉でもしたりしなければ、そうそうあることではない。外出中のことだから、フルに動いていたのは冷蔵庫くらい。待機電力などは微々たるものだろう。消費量オーバーとは、とても思えないけれど。

(ま、下がったものは、上げりゃいいだけだから)

と軽く考え、ブレーカーを上げたが、これまた言うことを聞かない。すぐに落ちてしまうのだ。

(な、なぜ？)

帰宅途中に練ってきた構想が、がらがらと崩れた。食事をちゃんとした時間にとりそびれてしまったが、明日は休み、少々後ろへずれ込んでもいい。買ってきた惣菜を、電子レンジで温めて遅い夕飯をすませたら、風呂にたっぷり湯を張って、ぞんぶんにつかり、そのあと読書……寝るまでの時間、ささやかな計画を立ててきたのに。ポリ袋に入ったこの惣菜は、どうなるの。

(『幸せまでもう一歩』所収　部分)

これより後の方で、原因がわかります。電気が点かなかったのは、温水便座器が経年劣化で漏電するようになり、漏電があるとブレーカーが下りてしまうからでした。書いている私は、すでにそれを知っているわけですが、まずは原因をあえてあかさずに引っ張っていく。ある情報だけ開示をあえて遅らせて、話を進行させていくことで、期待感を持たせる、あるいは謎解きをする。それもまた、読者に読んでもらうための工夫のひとつです。

あの手この手で

■ばれないうちに

それとは逆に、一部の情報をあえて先取りして出してしまうこともあります。

●一部の情報開示をあえて繰り上げる。

例を挙げます。

注意一秒

夜七時半、東京駅近くで仕事を終えた私は、思いきって、デパートに寄った。翌週に迫った出張のためのスーツとブラウス問題に、いい加減、決着をつけるべく。

打ち合わせの連続で、消耗はしていたが、

「後は中央線で帰るだけ。精も根も尽き果てていいから、ここで決めてしまおう」

目的は達成し、東京駅始発の電車に腰かけ、網棚に載せてホッ……賢明な読者の皆様には、ここからの展開はもうおわかりですね。そう、買ったばかりの物が入った紙袋を、案の定、網棚に忘れてのけたのです。

（『ぼんやり生きてはもったいない』所収　部分）

時系列にそった順序なら、忘れたと気づくのはもっと後です。が、それだけを先に言ってしまう。そうしておいてから、忘れたと気づくまでを書く。

これは、リスク回避のひとつです。そこへ行くまでに読者に想像がついてしまうとき。時系列どおりに出していくと「パターンはわかりきっているのに、そんなことで長々引っ張るなよ」とそっぽを向かれかねないとき。いっそ出すのを早めてしまい、「わかりきっているでしょうけれど、引き続きお付き合いください」という姿勢をとる。読んでもらうための、これもまた工夫です。

さきほどの開示の遅延が、謎を持たせるものとすれば、対して開示の繰り上げは、ばれる前に種あかしするものといえます。

■覚悟を促し、後でねぎらう

●わかりにくい情報を出すときは、その旨を断ってから出し、必要に応じてフォローの一文を付け加える。

ものの仕組み、構造などの説明は、言葉でするとかなり複雑です。写真で見せれば一発なのに、ということが、私もよくあります。そのもどかしさは読み手も同じ、というより書き手以上でしょう。ですので、説明に入る前にいっそ、次のようにお願いしてしまうことがあります。

これは説明が難しく、ブログなら「ほうら、こんなふうに」と写真を付けたくなるところだが、私はもの書きでありますから、文章での説明を試みます。煩雑とは思いますが、辛抱強くお読み下さい。

（「茶こし一体型ポット」より　双葉社刊『買おうかどうか』所収）

読み手に対し、煩雑ですよ、辛抱してくださいと前置きして、「あ、そういうところに差しかかるらしいぞ、これから」と、いわば心の準備をしておいていただく。説明をした後、さらに、

なんとかご理解いただけましたでしょうか。（同）

と付け加える。複雑な説明は終わりましたよ、と安堵してもらうと同時に、理解につとめてくれた苦労を、いわばねぎらう。

空間的順序、動線にそった、時系列にそった順序、論理的順序ともいうべきもののバリエーションのいくつかを紹介しました。

そんな順序を考えるのも、読み手に途中で投げられてしまいたくないがゆえです。書き手としては、あの手この手で情報の出し方を工夫して、読み手の負担をなんとか減らそうと四苦八苦するわけです。

結果として、四苦八苦のあとがつゆも残らぬ読みやすい文章ができれば、それが理想です。

方向指示と関係付け

情報の出し方から転じて、話の進め方について述べます。

■話のかたまりを意識する

方向指示をし、話のかたまり、ともいうべきものの関係付けを行いながら進めます。第一章で、起承転結の「転」をまず決め、「承」で長さを調節することを、概説だけしました。そのことの詳しい説明も兼ねて、具体例にそってみていきます。例は二つです。

一つずつ進めます。まずは「とんだ迷惑」です。読むときに、話のかたまりを意識し、「ここはいちばん書きたかったところだろう」「ここはなくてもすむところだろう」と考えながら読んでください。

とんだ迷惑

起

慢性的な肩凝りに悩む女性が、周りには多い。

パソコンによる、目の疲れからか。重たい仕事鞄を下げているせいか。折りにふれ、腕をぐるぐる回すといった対処法をとっているにもかかわらず、「近頃、軽くなったみたい」という話は聞かない。むしろ、年々ひどくなる。

同世代だと、働く母も少なくないので、家に帰っては、そこそこ大きくなった子どもを抱き上げたり。夕飯の買い物だってひと荷物。どっちを向いても、肩にいい要因なんて、ないのである。

凝りに関するエピソードも、すさまじいものになる。

？

ある人は、がまんできなくなると、マッサージにかかることを繰り返していたが、

承

「固すぎて、指がツボに入らない」

と言われてしまった。並のマッサージでは、歯が立たないようである。

整体や鍼《はり》を転々とし、

「ようやっと、まあまあ満足できるところをみつけた」

と報告してきた。

指圧だが、施術師の男性は、武道をたしなむそうで、空手着のような衣をつけている。中年ながら、ひきしまった体格で、なかなかに頼もしい。

「あそこなら、一回に何千円払ってもいいかって感じ」

気に入って、しばらく通っていた。

◎ 転

ところが、ある日、いつものように肩をもんでもらっていたら、耳もとで、

「グギッ」

と妙な音がした。ほぐれる前に、指圧師の指が折れてしまったのだ。

「そんなことって、あり得るの?」

思わず私は、問い返した。

> **?**
>
> 前に、「箸で切れる」がうたい文句の店でとんかつを食べようとしたら、箸が折れたという体験談を聞いたことがあるが、同じかそれ以上のインパクトだ。ひどい凝りを、「石のよう」とか「鋼板を張りつけたよう」と形容するが、ほんとうに、石や鋼板に突き指したみたいに、骨折してしまうとは。

次に彼女が、凝りがたまって行ってみると、玄関が閉まっており、貼り紙がし

てあった。「都合により、今月いっぱい休業します」。前に来たのは、月はじめ。全治一か月の怪我《けが》なのか。

仕方なしに、よそへ回ったが、いまひとつ力が弱くて、物足りない。なので、

結

このところの彼女は、不調である。

◎「ひと月も休まれたら、たいへんな迷惑だわ」

こぼす彼女に、

（迷惑はどっちだ）

指圧師に代わって言いたい思いをこらえつつ、ふんふんとうなずいていたのであった。

（『幸せまでもう一歩』所収）

■型Ⅰ　部分的に挿入

このエッセイは、基本的にはひとつのエピソードで成り立っています。知り合いのある人の体験談。

その中で私がもっとも「ええーっ」と思い、書きたかったのは、指圧師さんの指が折れたことです。「ところが」以下、「折れてしまったのだ。」までの3行です。「ある、

ある、へえーっ、そうなんだ」の「へえーっ」。起承転結の「転」の中心です。

　後の方の知り合いのセリフ。「ひと月も休まれたら、たいへんな迷惑だわ」は、起承転結の「結」の中心。迷惑はどっちだ、という落ちをつけることができ、エピソードの据わりをよくしてくれます。この「結」は、やはりあってほしい。すると、そのひとことの出せる状況、「貼り紙がしてあ」り、「今月いっぱい休業」という説明は要る。

　その他のかたまりを見ていきましょう。ここでは、前から順々に見ていきます。初めの1行、「慢性的な肩凝りに悩む女性が、周りには多い。」、これは起承転結の「起」なので、あってほしいところです。書き出しは、さりげなくというポイントに、再度ここで言及しておきましょう。

　次の7行、「パソコンによる」から「凝りに関するエピソードも、すさまじいものになる。」までは、なくてもすむところです。まるごと取ってしまっても、エッセイは成り立ちます。書き出しの「慢性的な肩凝りに悩む女性が、周りには多い。」の次に、すぐ「ある人は、がまんできなくなると、マッサージにかかることを繰り返していたが、」へ進んでも、起承転結の「承」たり得る。指が折れた「転」を導ける。

　ところが、それだけだと規定の文章量に達しませんでした。そこで「承」をもう少

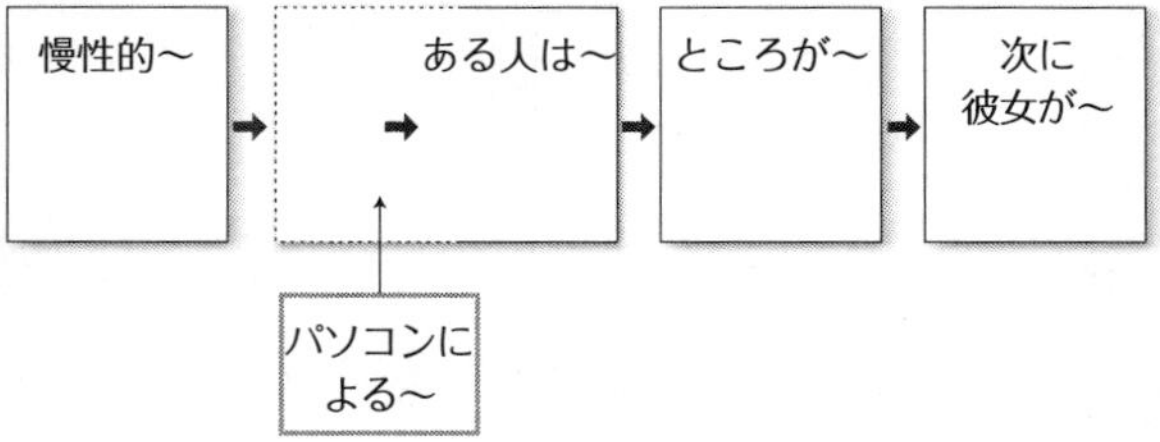

し引っ張る（上図）。けれどもそのとき、話がどこへ進むのかわからなくなるのはいけないと、第一章で述べました。

入れるとしたら、話がどこへ行くのか、読み手が迷うことのないものにする（次頁図）。

あっちに行ったりこっちに行ったりしないで、話の方向性、筋道を見失わないようなものにします。それがこの7行です。

描写も少々あります。「折りにふれ、腕をぐるぐる回す」といったものです。が、枝葉末節に入って筋道を見失うことのないくらいの描写に、とどめています。「承」で長さ調節ができるとなると、「承」を書き込んでしまって、話がどこに行くのかわからなくなりがちです。そういうことはないように気をつけます。

併せて、枠組の文で方向指示をします。「むしろ、年々ひどくなる。」「肩にいい要因なんて、ないのであ

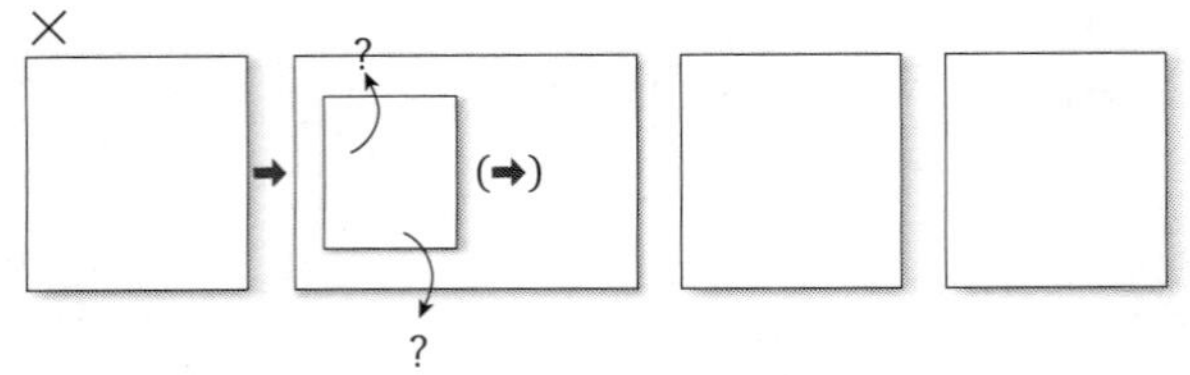

話の筋道➡を見失ってしまう

る。」「凝りに関するエピソードも、すさまじいものになる。」、入れた描写が、次の話のかたまりとどのようなつながりにあるのか、枠組の文によって関係付けをするのです。

さきほどの7行は、なくてもすむと言いました。次も、なくたってすむのではと思われるかもしれません。後半の「前に、『箸で切れる』がうたい文句の」から、「石や鋼板に突き指したみたいに、骨折してしまうとは。」の4行です。

私としては、この4行はぜひあってほしいのです。そのわけは、このエッセイの弱点ともつながります。

このエッセイの「転」は、さきの3行しか材料がありません。指圧を受けたら施術師の指が折れた、というのは、もっとも「ええーっ」と思ったことではあるけれど、自分の経験したことではない。その点では、弱いのです。

自分の経験したことなら、折れたときの描写をもっと詳しく書き込んで、「転」をふくらませられるけれど、それができないつらさがある。

ゆえに、それに代わるもので「転」を補い、ふくらませた。それが、「前に、『箸で切れる』がうたい文句の」から、「石や鋼板に突き指したみたいに、骨折してしまうとは。」の4行なのです。

第二章で、「理解」と「追体験」と述べました。理解が頭にはたらきかけるなら、追体験は感覚にはたらきかける。もとの「転」の3行だけでは、感覚にはたらきかけるものが少ない。そこで、箸がとんかつで折れたとか突き指とかの例を出して、なんとか「転」を、読み手にありありとイメージしてもらえるようにしたかった。そういうわけで、この4行は、私にとっては省くことのできないものです。さきに、なくてもすむと説明した7行とは、私の中では異なります。

まとめをすれば、このエッセイは、基本はひとつのエピソードから成り、長さを調節するため、「承」を7行延ばした形でした。仮に型Iとします。

■型Ⅱ　まるごと挿入

これでもまだ、規定の文章量に達しそうにないときが、型Ⅱです。型Iでは「承」を延ばしきれないとき、「承」に、並列的な別のエピソードを挿入します。型Iは、

型Ⅰ　基本はひとつのエピソード

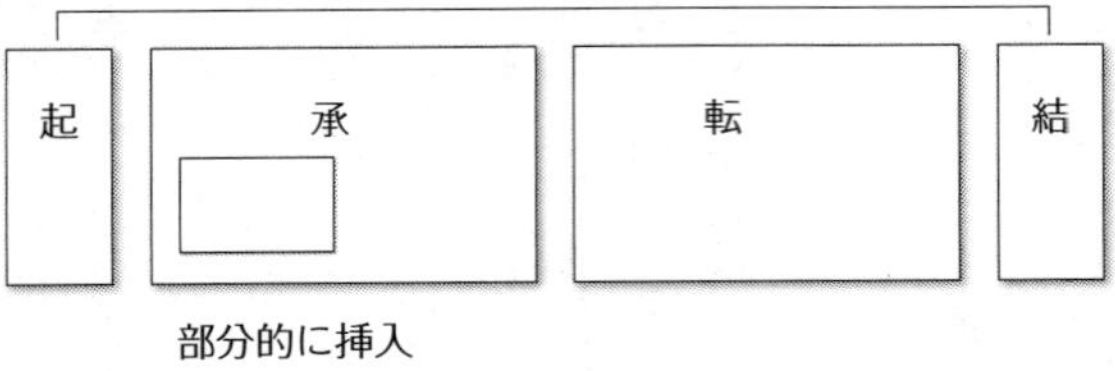

型Ⅱ　ふたつ（以上）のエピソード

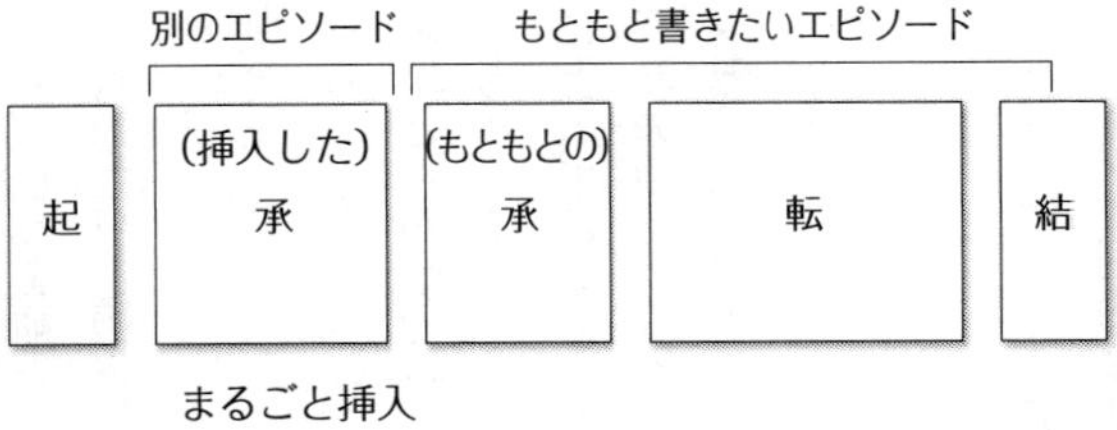

基本的にはひとつのエピソードで成り立っていましたが、型Ⅱでは、ふたつ以上のエピソードで成り立つわけです。概念図で示しましょう。

　この型Ⅱでは、方向指示や話のかたまりの関係付けを、型Ⅰよりさらに意識的に行います。例を見ましょう。

自慢の菜園

起

散歩をすると、家庭菜園をしている人が、思いのほか多いことに気づく。うちの近くの角の家でも、窓の下のほんの一畳ぶんくらいの地面に、ブロックで囲いをして、何かを植えている。

はじめのうちは、めざましいものはなかったが、あるときからぐんぐん伸び出した。よく見ると、葉のかげに、ほおずきほどの小さな実が。トマトらしい。

挿入した承

どういう品種かは知らないが、このトマトの茎の勢いが、すごいのだ。通るたび、

（あれ？）

と目を疑うほど、大きくなっている。ひと晩に二十センチくらい伸びる感じだ。

狭い菜園だが、狭いからこそせっせと肥料をつぎ込んで、植物の方でも、どんどん吸収したのだろう。気温が上がるにつれて、爆発的と言いたい、生長ぶりを示した。

トマトはつる性ではなかったと思うが、ベランダをつたい、窓の高さに這い上

話のかたまりどうしの関係を示す文

もともとの承

がり、窓わくにからみついた。開けるには、茎を切らなければならない。家の人も、それはしのびなかったのだろう、「朝顔につるべとられて貰い水」のように、ほかの窓を開け放して風を入れているときも、その窓だけはずっと閉めきっていた。

が、そこまでして育ててやっているのに、かんじんの実は、いっこうに大きくならないのだ。葉はもう、窓をおおいつくし、うっとうしいほど生い茂っているのに、相変わらずほおずき大のまま。思うに、せっかくやった肥料が、栄養として、うまくいきわたっていないのではないか。あるいは、情が移って間引きをしなかったために、こうなったか。

収穫はされたかどうか、うやむやなまま、季節が過ぎてしまった。

トマトといえば、別の家もあった。

こちらは、桃かと見まがうほど、りっぱな実をつけている。品評会に出せそうなトマトである。

色からしてもじゅうぶんに食べ頃だから、そろそろとるかと思っていたが、なぜかずっと下がっている。どうやら、その家の主は、あまりにうまくできたものだから、しばらくは人に見せびらかしたいようなのだ。たしかに道路に面し、通行人に自慢するにはもってこいのロケーションである。

転

あるとき、ふいになくなった。代わりに手書きの貼り紙が。

「人が丹精こめて育てたトマトを盗んで、そんなに楽しいか!!!」

トマト泥棒にあった主が、怒りのもっていきどころがなく、書きなぐったのだろう。！マークが三つもついているのが、憤慨の度を物語る。いかにも、頑固おやじそうな、右上がりの、角張った字だ。

次に通ったときは、その字の横に、違う字が書き足してあった。

「トマトはたいしたことはなかったが、盗むのは愉快だ」

なんという意地の悪さ。ボールペンの、細くひょろひょろっとした字まで、おやじをあざ笑うかに見える。おやじさんが、地団駄を踏んで悔しがるさまが目に浮かぶ。

結

が、あの、「どうだ」と悦に入っているような、実のならせ方を思うと、ちょっかいを出したくなる気持ちも少しはわかるのである。

（マガジンハウス刊『結婚しても、しなくても』所収）

このエッセイの「転」は、後半三分の一、手書き文字の応酬です。貼り紙の「人が丹精こめて育てたトマトを盗んで、そんなに楽しいか!!!」の激しさにも驚きましたが、それをあざ笑うかのごとく「トマトはたいしたことはなかったが、盗むのは愉快だ」と返事が書いてあったのに、もっと驚きました。

テーマは与えられていませんでした。第一章で述べた、テーマの与えられていない場合の構成の立て方を思い出してください。「転」の次に「起」を決めます。それが最初の一行です。書き出しは、やはりさりげなくしています。

けれど、その「起」と、貼り紙のしてある家の話だけでは、文章量はご覧のとおり、全体の二分の一です。「転」に行くまでの、もともとの「承」は、「こちらは、桃かと見まがうほど」から「もってこいのロケーションである。」までです。規定の文章量に達するほど、「承」を延ばし切れません。この家の話だけでは、足りないのです。

そこで、別のエピソードをまるまる、その前に挿入しました。2行目の「うちの近くの角の家でも、」から「収穫はされたかどうか、うやむやなまま、季節が過ぎてしまった。」までです。

■かたまりどうしの関係を

ふたつの家のエピソードが入ることになったのです。

このとき、話のかたまりとかたまりとが、どういう関係にあるかを示すことがだいじです。かたまりの関係について、読者が迷わないようにします。

そのために、かたまりとかたまりの間に、次の一文を置きました。「トマトといえば、別の家もあった。」の一文です。

第二章で、枠組の文は、話を進めるはたらきをする、位置付けるはたらきをすると述べました。そうした指示の役割は、話のかたまりに対しても、するのです。

ここまでの話の家と、これからの話の家は、別の家である。別とはすなわち、並列関係であって、因果関係ではない。そのことを、「トマトといえば、別の家もあった。」という枠組の文でもって示す。読み手を、

「え、さっきの、ほおずきほどのトマトが、急に桃くらいになった？」

と混乱させることなく、「転」まで連れてきたいのです。

補助的な仕掛け

■統一、対比

話の方向指示、話のかたまりの関係付けを、枠組の文でしていくのと併せて、補助的な仕掛けもしています。言わなければ、仕掛けとみなされないほど、小さなもので

す。

家は違う。けれども、家庭菜園の話題、しかもトマトの話題という統一性を持たせる。

同じトマトが、片方の家では、実のできがよく、片方は悪い。これは対比の関係です。

統一、対比といった関係を、ふたつの家の間に、作っておきます。そうすることで、なんとなく、まとまりが出ます。

このエッセイは、ひとつの家のエピソードではない、ふたつの家のエピソードから成り、しかもそのふたつは、因果関係では結ばれていない。結ばれていないけれども、切れてしまわず、ひと続きのエッセイとして読んでもらうための、補助的な仕掛けです。

付け加えれば、トマトの大きさを表す比喩も、片方をほおずきとすれば、もう片方を桃と、果物で統一しています。統一によって、ひと筋の流れに乗って、読み進めてもらいたいのです。

さらには、ふたつめの家の話に入ったときの「こちらは、桃かと見まがうほど、」の文の「こちらは」です。かなた、こなたとセットになっているように、「こちらは」

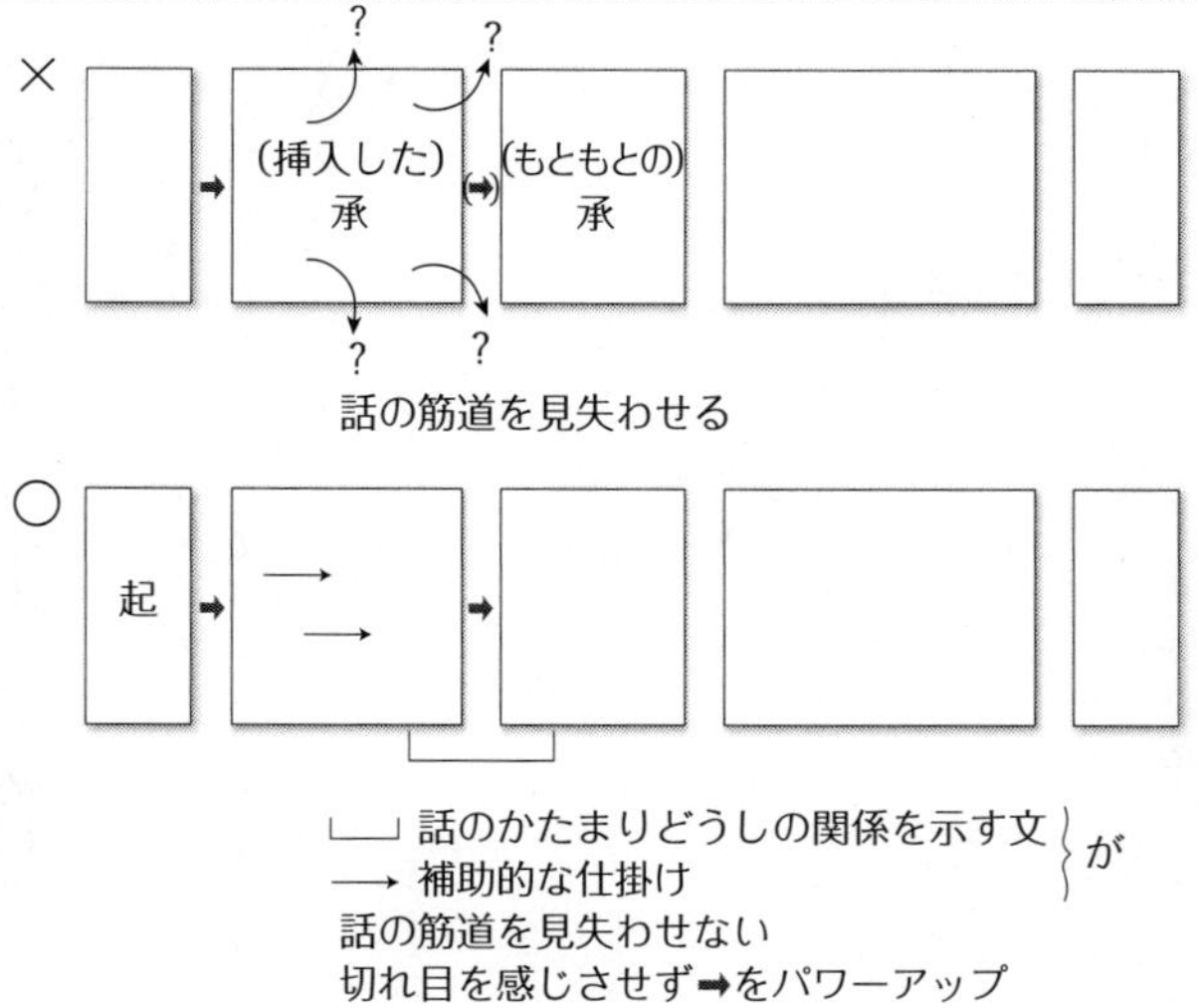

と言われれば、対をなす「あちら」があると思うのが自然です。あちらとは、どちら？　さっきまで出ていた、もうひとつのトマトの家。対比を感じてもらう効果は、「これ」という言葉よりも「こちら」という言葉の方が高い。

補助的な仕掛けと、私が呼ぶものは、語の選び方を通しても、しているのです。

このように、型Ⅱのエッセイでは、読み手を迷わせず「転」まで導く工夫が、型Ⅰにもまして求められます。「承」が、ふたつかそれ以上のエピソードから成っていても、エピソードの切れめに抵抗を感じさせない工夫。流れに推進力を持たせる工夫です。

自分≠他者と、この章の初めの方で述べました。自分の書くものに、他者にスムーズに入ってきてもらい、スムーズに読み進んでもらうのは、かくもさまざまな工夫を要することなのです。

第四章

文を制御するマインド

――「筆に随う」はエッセイにあらず

言葉を選ぶ三つの側面

■検討すべきこと

この本は、次のことを大前提に始めました。エッセイとは「自分が書きたいことを、他者が読みたくなるように書く」。「読みたくなるように」の必要条件のひとつである、読みやすさについては、訓練により高められる。

読みやすさを高めるための工夫を、第三章から述べています。書き出し、情報の開示の仕方、話の進め方、方向指示と関係付け、その他の補助的な仕掛け。読み手がスムーズにエッセイに入ってきて、スムーズに読み進められるための、さまざまな工夫です。

本章では、読みやすさの実現を目指して、さらにこまかな工夫に話を移します。言葉の選び方や比喩。文の見た目、音感。最後にタイトルの付け方、推敲について言及します。

まず、言葉の選び方です。言葉を選ぶ際に、私は三つの側面から検討しています。

①正確かどうか。
②文法上、整合性がとれているかどうか。
③語感がふさわしいか。

この三つについて、お話しします。

■正確さ

①の、正確かどうか。自分の書きたいことに、その言葉をあてはめるのが、もっとも近いのか。他の言葉に置き換えてみたらどうか。より正確に伝わる言葉がないかどうかを検討します。

例えば怒り、怒りを表す言葉には、さまざまなものがあります。すぐに思いつくだけでも、腹を立てる。頭に血が上る。憮然とする。憤然とする。仏頂面をする。

自分が書こうとする題材と照らし合わせます。あのときの私はどうだったか。かっとなったというよりは、むっとした顔をして、「それは、そうですけど」と言った。すると、憤然よりは憮然、仏頂面か。怒りを表す言葉の中から、しだいに絞り込まれてきます。

さらに考えます。仏頂面だと、黙り込むイメージがある。でも、そのとき私は、むっとしながらも口はつぐまず「それはそうですけど」と声を発している。とあれば、仏頂面をした、よりも、憮然と言った方が、自分の書きたいこととといちばん合う。

そんなふうに検討します。

ここで行っているのはすなわち、言葉と、その言葉が表す対象との関係を検討することです。

■主述、並列、呼応

②の、文法上の整合性がとれているかどうか。

主述の関係はとれているか。主語、述語の関係です。並列はどうか。呼応はしているか。そういった関係が乱れていないかどうかを、検討します。

例として、次の文を見てみましょう。

　私が憮然として言えば、涼しい顔で、棚の上の服とか並べ直したり、声をかけたお客さんの方を向いて、愛想笑いを振りまいている。

この一文には、文法上の整合性がとれていない箇所がたくさんあります。主述の関係がずれています。涼しい顔をしている人は誰？　その前の節には、「私が憮然として言えば」とある。主語を出し直さないと、「私が」が主語として、はたらき続けてしまいます。「涼しい顔」をしているのが店員さんなら、「店員さんは」と主語を出し直さなければなりません。

何と何を並列させているかが、わかりません。「服とか並べ直したり」とあります。「とか」「たり」といった並列の言葉を出しながら、並列されるものが欠落しているのです。

「とか」も「たり」も今は、書き手は婉曲の感じを出すため用いることが多いですが、「とか」「たり」と出れば読み手は、もうひとつの「とか」はどこ？　「たり」はどこ？　とつい探してしまいます。それは読者を迷わせるもとです。

「とか」を出すなら、「服とかスカーフとか」のように並列の関係を作る。並列の関係を作れるものがなければ、「とか」を使うのをやめて、「服を」あるいは「服などを」にする。

「たり」は、私もくだけた調子にするときに、つい使ってしまい、この本に例として引いたエッセイにもそのまま残っていて恥ずかしいのですが、気づいたらなるべく直すようにしています。ここでも「並べたり」ですましてしまわず、並列関係を作れる何らかの動作がないか検討する。服やスカーフなら「たたんだり並べ直したり」とできるでしょう。

「声をかけたお客さんの方を」とは、お客さんが店員さんに声をかけてきたのか。店員さんがお客さんに声をかけたのか。

難しい言葉は何も使っていない文章なのに、わかりにくい。スムーズに読み進められない。どの言葉がどの言葉に係るのか、どの言葉がどの言葉を受けるのか、関係が整えられていないためです。

さきほどの①では、言葉と、それが表す対象との関係を検討する、と述べました。対してこの②は、言葉と、それが受けたり係ったりする他の言葉との関係を検討すること、といえます。それが、文法上、整合性がとれているかどうかと、私が述べるものです。

クリエイティビティに先立つもの

■崩れを防ぐ方法は

クリエイティビティを性急に求める人は、得てして文法への注意を怠りがちだと感じます。しかし、こうした文法上の形の崩れが、読者を迷わせて、自分のいちばん書きたいところまで、読者を連れていく上での障壁になるのです。自分のいちばん書きたいところまで、読者に来てもらわなければ、クリエイティビティの発揮のしようもありません。

エッセイは、読みやすさに求められるハードルが、文芸の他のジャンルに比べて高いと思うことも、すでに述べました。

エッセイは、漢字だと随筆、筆のおもむくところに随う、というイメージがあります。が、筆のおもむくままでは不充分です。文法上整合性がとれているかどうかを、常に点検する必要があります。書きながらの点検も必要ですし、書いた後の推敲でも、この点検は重要です。

整合性が崩れてしまうのを防ぐ方法があります。一つ一つの文章を短くすることです。言葉の係りや受けの関係がひと目でつかめる長さを超えると、関係を見失いがちです。短くすれば、そのリスクを低くできます。

言葉と言葉のつながりが、ああもとれる、こうもとれるといった可能性を少なくする。なるべくひと通りにしかとれないような文法上の形へ、組み上げていく。文が短い方が、そうした形を作りやすいのです。

言葉を選ぶ際に検討する側面の③に挙げたのは、語感でした。これについては話すことが多いので、改めて項を設けます。ここでは、次のように整理だけしておきます。語感がふさわしいかどうかは、言葉と、それが含まれるエッセイ全体との関係を検討すること。

ここまでの話を、以下にまとめます。

言葉の選び方
①正確かどうか＝言葉と（それが表す）対象との関係を検討する。
②文法上、整合性がとれているかどうか＝言葉と（それが受けたり係ったりする）

他の言葉との関係を検討する。
③語感がふさわしいか＝言葉と（それが含まれる）エッセイ全体との関係を検討する。

語感の心理

■言葉から受ける「感じ」

言葉からどのような感じを受けるか。人によって多少は違うでしょうけれど、ある程度の共通項がある。その共通項に基づいて、その言葉を使うのが、そのエッセイにふさわしいかどうか、検討することができます。

検討の際、私が頭に置いているのは、次の七つです。

①否定表現の効果
②（読み手の微妙な）心理への配慮
③常套句の効果
④硬軟の配合

⑤重複を避ける
⑥文末の処理
⑦比喩、（付随して）擬態語、擬音語

まず、①の否定表現について考えましょう。「〜ない」「〜ません」を用いる表現です。

■否定の功罪

否定表現には、断定を避ける効果があります。

例えば、同世代の知り合いで、マラソンをしている女性のことを、エッセイに書きたいとき。書き出しを、「四十代でマラソンを始める女性が多い」としようとして、待てよ、と考えます。「多い」と言い切っていいのだろうか。このエッセイは、別に統計に基づくものでもないのに、とためらいます。

そのときに「少なくない」としておけば、断定を避けられます。その上でさらに「周囲には」と付け加えれば、よりよいでしょう。

ただし、文末の否定表現には、注意を要します。私のエッセイで、たまたま「〜ではない」「〜ません」で終わる文が続きました。読んだ編集者から言われたのは、文末の否定が続くと、読者はなんとなく、突っぱねられる感じがする。内容は、読者を突っぱねるものではなくても、です。

改めて読み返すと、なるほどと自分でも思い、別の言葉に置き換えました。「言えない」を「言い難いものがある」と無理やり肯定にしたり、「のだ」をくっつけて「言えないのだ」としたり、かなり苦しまぎれではありますが、「ない」で終わる文を減らしました。

否定には、断定を避ける効果がある一方、文末に多用すると、読み手を拒絶している印象になってしまう。内容のいかんにかかわらず、語感が読み手の心理に影響することもあるのだと学びました。

■反発に配慮する

ここから引き出されてくるのが、②読み手の微妙な心理への配慮です。すべての人の気持ちにかなうことは、もとよりできません。配慮には限界がありますが、それでもなるべく配慮します。

例えば、私はイタリアの紀行文を書きました。たいへん女性好きの男性が出てきます。歳の頃は六十くらい、観光ホテルの社長です。その箇所を引きます。

その彼が、ある晩、私たち五人を食事に招待してくれた。ホテル内のレストランである。（中略）目にもあざやかな水色のシャツに、ネイビーのジャケットが決まっている。席へのエスコートも、実にスマート。

が、いざ口を開くと、こいつがとんでもないオヤジで……あ、言葉が悪かったですね、いや、もう、たいへんなおじさんで。

（「華々しく大台へ」より　文春文庫『40前後、まだ美人？』所収）

後に続く、女性好きで困った人だというエピソードからすると、紳士とは書けない。いろいろある言葉の中では、オヤジがいちばん、内容にはふさわしい。

でも読み手には、内容には合っていると理解しつつも、あまりあからさまな言葉で示されると抵抗をおぼえる心理も、あるものです。内容と合っているかどうかにかかわらず、その言葉の印象ばかりが突出して、読者の中に残ってしまう。そうでなくても、自分の貴重な時間を使って、もっと端的に言えば、貴重なお金を払ってまで読む本で、「こいつ」とか「オヤジ」とかの不快な言葉に、わざわざ出会いたくはない、といった心理です。

それに配慮し、後に付け足しました。「こいつがとんでもないオヤジで……あ、言葉が悪かったですね、いや、もう、たいへんなおじさんで。」

言葉を選んだ後に、その言葉の持つ語感に対する、読者の反発を和らげる文章も配置しておく。それによって、その言葉にひっかかって止まってしまわずに、先へ読み進んでほしいのです。

もうひとつ例を挙げます。イタリアのホテルから転じて、こんどは伊勢志摩の民宿です。食事は新鮮な海の幸、それはありがたいけれど、たいへんな量が出てきてしまった。

その他に、カツオの手こね寿司も食べなければならない。おっと、「食べなければならない」とは罰当たりな。味わわせていただくのだ。

ところが、現実は「食べなければならない」的になってきた。何せこの量だ。おいしいことはおいしいが、感動の度合いが落ちてきているのは、否めない。

（「神さまの国で食い倒れ」より　講談社文庫『家もいいけど旅も好き』所収）

「食べなければならない」の語感に、反発をおぼえる人もいるでしょう。その一語によって、このエッセイ全体にそっぽを向かれてしまう。それを防ぎたいのです。

語感そのものからは逸れますが、読み手の微妙な心理への配慮について、さらに話します。

あらゆるエッセイは、じまん話であるとも言われます。読み手が「つまりは、じまんではないか」としらけた気持ちになったなら、エッセイが「ある、ある、へえーっ、そうなんだ」にならず「あ、そう」で終わってしまうこと。気の小さい私は、それをおそれて、伊勢エビ、アワビを食べる紀行文でも、例えば次のような前置きをします。「伊勢エビ、アワビは、めったに口にできるものではないが、それはっかりとなると、それはそれでつらいものがある。私はまあ、たまたま好きだから、よかったようなもの。というわけで、早い話が、期待に胸をふくらませながら出かけたのでした」。

対して、あるエッセイで前置きに「これはまったくのじまん話であるが」と断り書きしてあるのを読んで、うまいなと思いました。私とは別の方法だけれども、これはこれで、読み手の心理への配慮です。「つまりは、じまんではないか」と受け取られる可能性を充分考えて、自分から先に言ってしまう。それも配慮の仕方のひとつです。

常套句をあえて使うとき

■きまり文句はタブーではない

語感の話の③に挙げた、常套句の効果について考えましょう。

常套句とは、同じような場合にいつも使われる語句、きまり文句、パターン化された語句です。

生産地を訪ねたルポルタージュですと、出会ったおばあちゃんは「日焼けした顔を皺くちゃにして笑った」、男性向けのエンターテインメント小説に登場する美人は「豊満なのに着痩せする」といった例も、そうだといえましょう。

常套句には、それなりのはたらきがあります。常套句が役割を果たしていると感じるのは、新聞記事です。常套句があると、どういう状況かが、一読してわかりやすい。パターン化された語句ということは、人々に共通のイメージが出来上がっているわけで、それゆえ伝達性は高いのです。

エッセイでは、常套句をそのまま使うことは、避けるべきとされます。もしも、おばあちゃんは「日焼けした顔を皺くちゃにして笑った」とあったらば、この書き手はぞんざいだ、おばあさんのようすを表す言葉を自分で探す努力を怠っていると、読み手に思われても仕方ありません。

一般論としては、そうです。けれども、あえて常套句を使う場合が、私のエッセイにはあります。あえて使うのは、効果を狙っているからです。どういう効果か。自分をパロディ化する効果です。

その場合、多くは、「　」で括って使います。あるいは、いわゆる、などの言葉を付けます。

これが常套句だと認識はしていますと示すために、そうするのです。例えば、おふくろの味、おばあちゃんの味。パロディ化しなければ、それらは、温もり、家庭的、懐かしい味、ごくふつうのものだけれど自分にとってはいちばんおいしい味、といった感じを伝えます。これに、「　」を付けて使ったエッセイがあります。おからの煮付けを作ろうとしたときの話です。

おからは日持ちがしないので、スーパーなどには出回らないと聞いている。おからクッキーのレシピには、「近所のお豆腐屋さんで新鮮なおからを分けてもらいましょう」とあった。
が、「分けて」というのこそ、都市生活者にとっては至難の業なのだ。（中略）「おばあちゃんの味」を再現する上では、そうした困難もつきまとう。（中略）
イメージだけでは、なかなかものにできない「おばあちゃんの味」なのだった。
（「『おばあちゃんの味』に挑戦」より『幸せまでもう一歩』所収）

「おばあちゃんの味」と言われるところのものを、自分でもいざ作ってみようとしたら、悪戦苦闘することになった。おからの入手そのものからして、いかに困難か。おからのことをいかに知らないか。おばあちゃんの頃とは、時代もおからを取り巻く環境も違う、単純に懐かしがるだけではすまない。

「　」で括って使うことで、おばあちゃんの味を再現しようとしている自分を揶揄するような、ある種の諧謔味が加わります。

別の例を挙げましょう。歯のホワイトニングを体験取材して書いたエッセイです。

何よりも、顔全体で見たときの違いが、一目瞭然だ。よく言われる「こぼれるような笑顔」って、こういうことかしら？

（「これからは、歯」より『幸せまでもう一歩』所収）


ホワイトニングを体験して、こぼれるような笑顔になったと、常套句を無条件、無批判にとり入れるのではない。「　」で括ることで、常套句との間に距離を置きます。

もうひとつ例を挙げます。


「今日は特に、どこがおつらいですか」

と優しく尋ね、「腰です」などの訴えを受け、

「そうですか。お疲れなんですねえ」

と深い深い同情を示す。こそばゆくはあるが、悪い気がしないのも、たしか。「癒し」という言葉には、抵抗を覚えつつも、しばらくは通ってしまいそうである。

（「足もみにはまる」より『幸せまでもう一歩』所収）

私はこの「常套句」、もしくは、いわゆる＋常套句という方法を、割合よく使います。

■パロディ化の狙い

ひとつには、テーマとの関係もあるかもしれません。

第一章で述べたことを、思い出してください。エッセイでは、テーマの与えられることが多い。テーマが与えられている場合には、エッセイの落としどころは、ある範囲、ときによってはかなり狭い範囲に、決められてくると述べました。

さきほどの例、歯のホワイトニングを体験取材して書くエッセイで、歯を白くしたところで顔の印象はたいして変わらなかったとか、暗くなったとかと書くことを求める人はいません。明るくなったとか、ホワイトニングしてよかった、ということを、期待されています。

ただし、あまりにもそのまんまでは、読み手は「あ、そう」としらけてしまう。読者にそっぽを向かれてしまう。このエッセイであれば、ホワイトニングしてよかった、こぼれるような笑顔になれたと、臆面もなく書けば、読者とは察しのいいものですから、「そりゃ、取材させてもらって、悪くは書けないだろう」「どうせお金が出ているのだろう」とシニカルに受け止めるでしょう。

第一章で、テーマとエピソードの関係で、次のように述べました。狭い落としどころに行き着くことを期待されつつ、同時に、テーマに対してパターン化されたエピソードにならないことも、併せて求められると。

テーマと言葉の選び方についても、同じことが言えます。狭い落としどころに行き着くことを期待されつつ、同時に、テーマに対してパターン化された語句にならないことも、併せて求められるのだと。パターン化された語句、それは常套句に他なりません。

常套句に、「 」やいわゆるをつけてとり入れる使用法は、それが、こういうテーマのときのパターーンであることに無意識ではないと示せます。パターーンであると知って意識した上で、戯画化していると、示せるのです。

戯画化とは、さきほど述べた距離を置くことであり、客観視です。批判精神や皮肉も含み得ます。そこにおいて、読み手の中にある、シニカルな心理と通じ合うものができ、察しのいい読者には、テーマからあんまり逸脱できない事情をわかった上で許容される範囲の中に、エッセイをおさめられるのではないか。

そういった心理への慮《おもんぱか》りとはたらきかけが、常套句を使うときの私には、あるのです。

自分を戯画化する

■もっとかみくだける

④に進みましょう。語感の硬い言葉、柔らかい言葉がありますね。漢字の続く言葉や文語は、硬い印象。それに対して、和語や口語は、柔らかい印象です。

一般には、エッセイには、柔らかい言葉を使うよう心がけます。

私が特にそうするわけは、漢字の言葉は、とてももっともらしいので、書きたいことにあてはめると、それ以上言葉を探す努力をしなくなりがちだからです。

例えば、「哀惜の情が胸にわき起こってきた」。そう書けば、締まりがよく、隙間なく言いおおせた気がします。

でも、そこで自分に待ったをかける。哀惜の他に言い方はないのか？　と問う。このエッセイで表したい自分の気持ちはどういうものか、いまいちど考えます。

その人が亡くなったことを残念に思い、惜しんでいるか。

亡くなった人を懐かしく感じ、今なお心ひかれているのか。

どちらに、より近いのか。

哀惜をあてはめて終わりにせずに、柔らかい言葉に直してみるとどうなるか、考える。

考えた結果、哀惜という言葉を使うことになってもいいのです。そこに至るまでに、柔らかい言葉に置き換えられるかどうかを試みる。そのプロセスで、そのエッセイで自分が書きたいことを、より正確につかめるでしょう。もしかすると、それを表すのに、より適切な言葉がみつかるかもしれません。

それを追求するのが、文章表現という行為だと思います。自分の書きたいことをより正確につかみ、それを表す、より適切な言葉をみつけていくのです。

エッセイは、柔らかい言葉を多用しますが、すべてを柔らかい言葉に置き換えるわけではありません。硬い言葉をところどころ混ぜて、見た目にも、音にもメリハリをつけます。いわば、硬軟とり混ぜるわけですが、その割合が、軟の方が多いのです。

柔らかい言葉が基本の中で、硬い言葉の語感が生きるのは、次のときです。

■わざといかめしく

いかめしい言葉を、それにふさわしくない状況を書くときに、あえて用いてパロディ化する。さきの常套句のとり入れの効果と似ています。

例を見ましょう。

美人になるごはん

体調を崩したのを機に、漢方に通い出してから、日々の食事に、より関心を持つようになった。

「医食同源」というがごとく、東洋医学における生薬と食べ物とは同じレベル。せっかく処方してもらっているのに、一方でそのはたらきを打ち消すようなものを、せっせと摂っていては、もったいない。

漢方医の指導のもと、食事療法を実践することにした。

一例を挙げれば、蛋白質は肉ではなく豆や小型の魚で摂る。卵、乳製品は原則として控える。

そうすると、洋食ふうのものは、基本的に作れなくなる。

昔から、家では和食だったから、それほど苦しくはないけれど、メニューが単調になるのは、たしか。

毎日毎日、同じような膳を前に、

「私、一生、この、お坊さんみたいな食事で行くのかなあ」

と思うと、ちょっと物足りない。人間、「だめ」と言われると、かえってそのことが、したくなるものである。

例えば、チキンライスなんて、子どもの頃、デパートのお好み食堂に、家族揃って出かけたときに、食べたきりだ。大人になってからは、口にしたことがなかった。

世の中に、そういうものがあることすら、忘れ果てていた。なので、私の人生から、未来永劫消えたって、どうってことないはずだった。

が、街で香りを嗅いだとき、突然、無性に食べたくなってしまったのだ。懐かしのチキンライス、甘くて芳《こう》ばしい、トマト色の炒めご飯よ。失われた過去の記憶の味よ。

頭の中は、チキンライスへの煩悩で、いっぱいになってしまった。

むざむざ断ち切ることはない。食事療法は禁欲にあらず。

肉食をしないからといって、何も気分まで「精進」することはないのである。

使えぬものは、創意工夫で乗り切ろう。

「この場合、要するに、チキンが問題なわけでしょ」

と沈思黙考、ひらめいたのは、高野豆腐。いつも煮物にしていたが、それだけが能ではない。

あの質感は、肉の代わりにいけるはず！　栄養的にも、同じ蛋白質だし。

水に戻して、細かく刻む。

みじん切りした玉ネギと椎茸を炒め、うまみがよく出たところへ、高野豆腐を入れて、混ぜ合わせる。

完熟トマトとご飯を加えてさらに炒めて調味し、型に詰めて、お皿にひっくり返し、グリンピースをのっければ、おお、りっぱなチキン（?）ライス。山の形をした赤いご飯が愛らしく、てっぺんに、思わず旗を立てたくなったほど。

野菜のうまみをたんと含んだ高野豆腐は、味といい歯ごたえといい、じゅうぶんに満足できるものだった。

いやー、こういう工夫って、張り合いがあるものですね。使えないものがあると、かえって挑戦心をそそられる。

のちに、マクロビオティックの料理本と出会って、私の考えつく程度のことは、すでに先人により、みんなみんな実践されていたとわかった。内側から美人になるごはんとして、とても流行《はや》っているそうですね。そうと知らない私は、ひとり地道に基礎研究を続けていたのだ。ずいぶんと遠回りしていたような。

マクロビオティックでヒントを得てからは、レシピの開発は、飛躍的に進んだ。今の日本は居ながらにして、世界の食材が手に入る。そういうものをどんどん、積極的に使ってみるのが、楽しい時期も、たしかにあった。

でも今は、限られた食材の特質を、いかに多様に引き出し、応用するかに、面白さを感じている。

（『ぼんやり生きてはもったいない』所収）

硬い言葉が少なからず出てきます。「未来永劫」「沈思黙考」といった四字熟語。「がごとく」「にあらず」といった文語調。「基礎研究」「開発は、飛躍的に進んだ」は、新聞の科学記事のような書き方を、チキンライスの話に用いることで、戯画化しています。

第一章で引いたエッセイ、「おいしい水で」にも文語調があります。

　むろん、水道水とてタダではないし、一滴たりともムダにすまじきことに変わりはないが、財布の痛み方が、違うのだ。

あえて硬い言葉をとり混ぜることには、ここに述べたような効果はありますが、過ぎるとあざとくなります。私はやや調子に乗って、し過ぎてしまう傾向があると感じています。

■美意識をはたらかせる

⑤として挙げるのが、重複を避けることです。
同じ言葉が近くに何回も続いて出てくるのを避けます。これは読み手よりも書き手の方に強くある、語の感じ方から来る、工夫かもしれません。
例えば「見る」と書いて、内容上は何も問題はなくても、「見る」が続くと、なんとなくかっこうが悪いように感じてしまい、他の言葉を探す。「目をとめる」「眺める」「視線を向ける」など、不正確にならない限り、類義語に置き換えます。

これは、理屈を超えた美意識としてはたらいているようです。人のエッセイを読んでも、そう感じます。

重複を避けることと関わるのが、⑥に挙げる、文末の処理です。

①の否定表現の話で、注意として、否定の文末が続かないようにと付け加えました。ここでは、それ以外のことを述べます。

日本語では、気にせずに書けば、同じ文末が続いてしまいます。「～だった、～だった」「～している、～している」となりがちです。

不正確にならない範囲で、なるべく違えるようにします。それもまた理屈を超えた美意識といえるでしょう。

過去のことであっても、すべて「だった」にする必要はありません。例えば段落の初めと終わりに過去形を配置するとか、「昨日」「ひと月前」など、いつのできごとかわかる言葉を入れるとかすれば、現在形を混ぜても、読み手は混乱しません。むしろ、過去のことでも眼前にあるようにイメージさせる効果を持ちます。

「～ている」が続いたら、必ず進行形でないと表せないことなのか、現在形に置き換えられないか、検討します。

文末の処理に関しては、第三章の書き出しの話でふれた、「です、ます」と「だ、である」の混用について、いまいちど言及します。

敬体に常体が混じるケースでは、校正さんから指摘の入ることはありません。統一を促されるのは、常体に敬体が混じるときです。そのことから、こちらの方が違和感を持たれるのだなとわかります。

■「です、ます」を混ぜるわけ

私が「です、ます」を混ぜるときは、「〜だ、〜だ」の重複を避けるためよりも、次の効果を求めてです。

●導入。
●注意をひきつける。
●（読み手が緊張し通しにならぬよう）弛緩するところを設ける。

第三章の書き出しや、情報開示の仕方のところで述べたことにも通じます。

これらのことが、敬体を混ぜなければ実現できない、とは思いません。呼びかけたり、ひと休みしてもらったりは、常体でもきっと可能なのでしょう。

自分のエッセイを読み返すと、以前は文末に「かしら」を多用していました。今は、少なくなっています。

変わっているのは、すなわち、確立していないことです。敬体の混用も、今は割とよくとっている方法ですが、将来は変わるかもしれません。

文芸も諸芸全般と同じで、完成型はない、常に途上なのかもしれないと、文末の処理を通しても感じます。

ちょっとおおげさになりましたが、敬体の混用の話に戻りましょう。この方法をとる場合、心がけねばならないのは、常体と敬体の間に断絶がなく、読み手が常体と敬体との間を、スムーズに行き来できるようにすることです。

混用の例をひとつ、見てみましょう。

蚊取り戦法

家にいて、安楽なひとときを過ごしていたとき、目の前をふと蚊が横切った。

そのとき、あなたはどうしますか?

両手で叩く。古典的かつ自然な反応です。

が、成功するとは限らない。打ち合わせた手を、期待に満ちて開くと、いずれの掌にも痕跡はなく、しびれるような痛みのみが残っていることも。

腕に覚えのある人なら、瞬間的に手を伸ばし、片手でつかまえようとするかも知れない。こちらは、両手をいったん開くという、準備動作が省けるぶん、時間差が出ない。

が、勢い余って、風圧で蚊を払ってしまい、かえって取り逃すこともある。また、握り方が足りないと、捕らえても、つぶすに至らない。まんまと仕留めたつもりで、ゆるめたら、指の間から飛び立たれた、苦い経験をお持ちの御仁も、少なくないだろう。片手だとどうしても、隙間が生じてしまうのだ。

壁に止まった。

「しめた、チャンス!」

と思える。が、空振りし、手だけを激しく打ちつけた場合の、むなしい痛みを思い、ひるむ。

安普請の集合住宅では、隣に響くことを考え、躊躇《ちゅうちょ》するかも知れない。白っぽい壁の場合は、

「すでに血を吸っていたら、どうしよう」

というためらいが、頭をよぎる。しみがつくか？

壁にいるところを襲うのは、有利なようでいて、そうした迷いが敗因となることも多い。

総じて素手で立ち向かうのは、必ずしも勝算が高くないのである。とすると、何らかの武器を使いたくなる。噴霧式の殺虫剤や蚊取り器だ。

あらゆる兵法に通じるだろうが、相手を知ることも、肝要である。蚊にも室内育ちと室外育ちとがいて、別の種族ではないかと思われるほど、生命力に差があるのを、長年の経験から、私は見い出した。それこそ、ヤブカとイエカの違いかしら。

以前、マンションの床下にあたるコンクリートの空間内に、水が溜まったことがある。その後水抜きは完了し、定期的に保守点検がなされていることを、資産価値を低めないためにも言明しておくが、そのときは、家の中に蚊が多かった。

一日窓を閉めきっていたのに、どこからともなく現れて、壁のそこかしこに止まっている。日に当たらずに成長したせいか、生白いとまでは言えずとも、なんとなく色が薄くて、線が細い。

電気の蚊取り器をつけると、てきめんで、いっとき宙を乱舞したかと思うと、次々床に落ちてきた。

　それに対し、今いる蚊は、外から侵入するものらしい。体つきは精悍そのもの。胴、足、針といったすべてのパーツが、ひとまわり太く、色も黒々している。飛び方も、敵をあざむくがごとく、めまぐるしく上下し、スプレー剤を構えても、迎え撃つことが困難だ。

　蚊取り器をつけると、そのときは姿を消したようでいて、別の部屋で、まだ生きていたりする。私の生き血で肥えたのか、面構えも日に日にふてぶてしくなるようだ。

　ふつうなら、こんなには深追いせず、寝室から閉め出しさえすればすむ。が、夏の盛りは、家の中に一匹でもいると、枕を高くして眠れない。

　風通しのため、寝室のドアを開け放ち、家じゅうひと続きにしているからだ。これもまた、暑さの弊害でしょう。

（『ぼんやり生きてはもったいない』所収）


　スムーズに読み通せるかどうかは、読者の判断に委ねるしかありません。私から言えるのは、常体と敬体との行ったり来たりがあまりめまぐるしくならないよう、混用の割合をこのくらいにとどめたということ、そして書き出しが「〜ますか」と敬体だったので、結びも「〜でしょう」と敬体にし、呼応させていること。そんな工夫をしています。

比喩の生理

■**装飾過剰は慎む**

⑦に挙げた、比喩について話します。

比喩の工夫についての話に入る前に、比喩そのものについての私の立場を話します。

私は、比喩が多いほどよいエッセイとは思いません。比喩がうまいほどよいエッセイとも思いません。

比喩は、自分の書くことを読み手がつかみやすくするための方法のひとつに過ぎない、という立場を、私はとります。文芸全般においてではなく、自分がエッセイを書くときは、です。

比喩に凝り過ぎると、文章は装飾過剰になりがちです。その結果、不正確になりがちです。比喩を使って不正確になってしまうよりも、比喩を使わずに正確さを期す方がよいと、私は考えます。また、比喩を使って観念的な文章になってしまうよりは、具体的に事実を述べる方がよいとも思います。

いずれにしろ比喩は、多過ぎると、読み手がそれに振り回されてしまって、話の筋道を追いにくくなる。ですので、たくさん使うことは慎む。

第二章で述べました。主に頭にはたらきかける文と、感覚にはたらきかける文とがある。前者は読者に理解を、後者は追体験をしてもらうことが主でした。

比喩は後者です。比喩の役割は、自分の書くことを読み手にありありとイメージしてもらうことです。なので、そこで使うのは、多くの人が感覚としてとらえやすいもの、多くの人が想像しやすいもの、にします。

例えば、赤とんぼが空にいっぱいいた。それをどう表すか。数で言うのも一方法です。

けれど、赤とんぼが千匹くらい空にいた、では、イメージしにくい。

人間がいちどに視認できる数は、千を超えているでしょう。何千と、ならば、千よりも嘘はありませんが、空というとりとめもない広さに、千という単位は中途半端で、合わない感じがします。

赤とんぼが、佃煮にしたいぐらいいっぱい空にいた。その方がイメージしやすいです。佃煮という言葉から、イナゴの佃煮を連想する人は、イメージすることが、より容易になるでしょう。

数字で言うことを、否定するのではありません。要は、読み手が自然に思い描けるかどうか、人間の生理にかなうかどうかです。

■自然に思い描けるよう

第三章で、トマトの出てくるエッセイを例に引きました。「自慢の菜園」というエッセイです。もういちど、比喩に関係するところを、部分的に見てみましょう。

散歩をすると、家庭菜園をしている人が、思いのほか多いことに気づく。うちの近くの角の家でも、窓の下のほんの一畳ぶんくらいの地面に、ブロックで囲いをして、何かを植えている。

一畳ぶんくらいの地面。一畳は、広さの単位なので、比喩そのものとはいえないかもしれません。が、この部分にも言及します。

狭さを表す比喩でよく使われるのは、猫の額ほど、です。そのエッセイで何を書きたいかによっては、それで事足りる場合もあります。

このエッセイでは狭さを、より具体的に、読者にイメージしてほしい。ですので、畳を持ってきました。

■想像が忙しくならぬよう

第三章で、比喩の統一という話をしました。ご記憶でしょうか。トマトの大きさを言うときです。

よく見ると、葉のかげに、ほおずきほどの小さな実が。トマトらしい。（中略）
トマトといえば、別の家もあった。
こちらは、桃かと見まがうほど、りっぱな実をつけている。

ほおずき、桃、両方とも実です。

例えば、片方をピンポン玉、片方を桃としたらどうなるか。あるいは、片方をほおずき、片方を野球のボールとしたらどうなるか。

読み手の想像力は、植物のジャンルと、運動用具のジャンルとを行ったり来たりしなければなりません。サイズ感をつかむためのものを、植物のジャンルから引っ張ってきて、次には、運動用具のジャンルから引っ張ってきて、並べて、サイズの違いをとらえる、といった、忙しい作業を、頭の中ですることになります。それは、私の言う、読み手に負担をかけることです。

小さい方をほおずきに喩えるなら、大きい方も桃に。小さい方をピンポン玉とするならば、大きい方も野球のボールと、先に出したものの延長上でイメージできるのが、読み手にとっては楽です。比喩があっちこっちに散らばらないのが、読み手に対する気遣いです。

■エッセイと俳句

桃のつながりで、ここで少し別の話をします。比喩を巡る、エッセイと他の文芸との違いの例です。

俳句で次のようなものがあります。

白桃は仄聞のごと水に浮く　　八田木枯

八田木枯は作者の名です。

仄聞《そくぶん》は、ご存じですね。人づてに、少し耳に入れること。それを白い桃に喩えました。「ごと」は「ごとく」。「ごとく」「ような」を使うのを直喩、または明喩。使わないのを、明喩に対して暗喩と言います。花のかんばせ、と言うようなときです。それらは、国語の授業で習ったことでしょう。

白い桃が、水にそっと浮いているようすを、仄聞に喩える。この比喩には、私がさきほど述べたことは、あてはまりません。比喩に使うのは、多くの人が想像しやすいものと言いました。これは、そうではありません。桃と仄聞を、結びつけてとらえたことのある人は、ほとんどいないでしょう。

俳句は、それをします。付けて考えないだろうもの。たいていの人が結びつけてとらえたことのないものどうしを、組み合わせてさし出して、読んだ人に、言い得て妙だとうなずかせる。

けれどもエッセイは、それを第一義とする文芸ではないと、私は思います。自分がそのエッセイで書きたいことを読み手にありありとイメージしてもらい、より伝わりやすくするためという位置付けがあっての比喩です。

■ジャンルを揃える

その位置付けを押さえた上で、私のエッセイの中では比喩的な言葉づかいの多い例を見てみます。さきに引いた「蚊取り戦法」です。比喩の統一性を感じていただけるでしょうか。

蚊取り戦法

家にいて、安楽なひとときを過ごしていたとき、目の前をふと蚊が横切った。そのとき、あなたはどうしますか？

両手で叩く。古典的かつ自然な反応です。打ち合わせた手を、期待に満ちて開くと、いずれが、成功するとは限らない。しびれるような痛みのみが残っていることも。の掌にも痕跡はなく、しびれるような痛みのみが残っていることも。

腕に覚えのある人なら、瞬間的に手を伸ばし、片手でつかまえようとするかも知れない。こちらは、両手をいったん開くという、準備動作が省けるぶん、時間差が出ない。

が、勢い余って、風圧で蚊を払ってしまい、かえって取り逃すこともある。

また、握り方が足りないと、捕らえても、つぶすに至らない。まんまと仕留めたつもりで、ゆるめたら、指の間から飛び立たれた、苦い経験をお持ちの御仁も、少なくないだろう。片手だとどうしても、隙間が生じてしまうのだ。

壁に止まった。

「しめた、チャンス！」

と思える。が、空振りし、手だけを激しく打ちつけた場合の、むなしい痛みを思い、ひるむ。

安普請の集合住宅では、隣に響くことを考え、躊躇《ちゅうちょ》するかも知れない。白っぽい壁の場合は、

「すでに血を吸っていたら、どうしよう」

というためらいが、頭をよぎる。しみがつくか？

壁にいるところを襲うのは、有利なようでいて、そうした迷いが敗因となることも多い。

総じて素手で立ち向かうのは、必ずしも勝算が高くないのである。とすると、何らかの武器を使いたくなる。噴霧式の殺虫剤や蚊取り器だ。

あらゆる兵法に通じるだろうが、相手を知ることも、肝要である。蚊にも室内育ちと室外育ちとがいて、別の種族ではないかと思われるほど、生命力に差があるのを、長年の経験から、私は見い出した。それこそ、ヤブカとイエカの違いかしら。

以前、マンションの床下にあたるコンクリートの空間内に、水が溜まったことがある。その後水抜きは完了し、定期的に保守点検がなされていることを、資産価値を低めないためにも言明しておくが、そのときは、家の中に蚊が多かった。

一日窓を閉めきっていたのに、どこからともなく現れて、壁のそこかしこに止まっている。日に当たらずに成長したせいか、生白いとまでは言えずとも、なんとなく色が薄くて、線が細い。

電気の蚊取り器をつけると、てきめんで、いっとき宙を乱舞したかと思うと、次々床に落ちてきた。

それに対し、今いる蚊は、外から侵入するものらしい。体つきは精悍そのもの。胴、足、針といったすべてのパーツが、ひとまわり太く、色も黒々している。飛び方も、敵をあざむくがごとく、めまぐるしく上下し、スプレー剤を構えても、迎え撃つことが困難だ。

蚊取り器をつけると、そのときは姿を消したようでいて、別の部屋で、まだ生きていたりする。私の生き血で肥えたのか、面構えも日に日にふてぶてしくなるようだ。

ふつうなら、こんなには深追いせず、寝室から閉め出しさえすればすむ。が、夏の盛りは、家の中に一匹でもいると、枕を高くして眠れない。

風通しのため、寝室のドアを開け放ち、家じゅうひと続きにしているからだ。

これもまた、暑さの弊害でしょう。


（『ぼんやり生きてはもったいない』所収）


傍線の引いてある箇所を見ていきます。「腕に覚えのある」「取り逃す」「仕留めた」「御仁」「襲う」「敗因」「素手で立ち向かう」「勝算」「武器」「兵法」「相手を知ることも、肝要」「敵をあざむくがごとく」「構え」「迎え撃つ」「面構え」「深追い」。

剣劇に出てくるような言葉です。タイトルからして、そのジャンルです。数は多いですが、ひとつのジャンル内での想像で、読み手にずっと進んでもらえるようにしました。

■許容範囲スレスレのときは

比喩について、付け加えれば、次のような方法もとることがあります。例を引きます。歯並びの矯正のため、歯を四本抜いた話です。上下左右一本ずつ、計四本抜きました。

抜いた後の隙間も不便。店でそうめんを食べたら、歯と歯の間四か所から麺がはみ出して、漫画によくある「ラーメンを食べかけのところへ窓からボールが飛び込んできて目を白黒させている人」のような図になってしまった（ちょっとわかりにくい比喩だったかな？）。

（「投資それぞれ」より『幸せまでもう一歩』所収）

わかりやすい比喩を使うのが、基本です。でも、ちょっとわかりにくいかもしれない比喩を、使いたい。

このときの私は、わかりにくいかもしれないけれど、自分では、許容範囲ではないかと思っているのです。藤子不二雄さんの漫画の、ラーメンを食べている小池さんのイメージが、私の中にはあります。一世を風靡したから、多くの人が共有できるイメージではないかと思うけれど、できない人もいるかもしれない。そのため、（　）内のようなフォローをしました。編集からも校正からも、指摘はなかったので、彼らが読んでも許容範囲だったのかと思います。

あくまでも、基本あっての逸脱です。全体の文章量にもよります。書きたいことを、あまり余裕をもって展開できないときは、こうした言い訳付きの比喩をすると、読む人にはかえって息苦しい感じがするかと思います。

■擬態語、擬音語

比喩に近い話で、もうひとつ付け加えます。擬態語、擬音語のことです。

私はあまり多用しません。一般的な擬態語ならば使うけれども、擬音語についてはことに、消極的です。

擬音語の多用は、文章が落ち着きのない印象になります。私のエッセイは、扱う題材が重いものではありません。その上に文章も軽くなりすぎると、品位のなくなることを警戒します。そのため、積極的には使わないのです。

この章の、ここまでの話を振り返ります。
言葉を選ぶ際に、三つの側面から検討します。

①正確かどうか＝言葉と（それが表す）対象との関係を検討
②文法上、整合性がとれているかどうか＝言葉と（それが受けたり係ったりする）他の言葉との関係を検討
③語感がふさわしいか＝言葉と（それが含まれる）エッセイ全体との関係を検討

語感がふさわしいかどうかを検討する際、頭に置くことを、七つ挙げました。

①否定表現の効果
②（読み手の微妙な）心理への配慮
③常套句の効果
④硬軟の配合
⑤重複を避ける

⑥文末の処理
⑦比喩、（付随して）擬態語、擬音語

ここからは、以上の観点から脱して、全体に広げての注意事項を述べます。

ビジュアル、リズム

■名詞と動詞で
全体に広げての注意事項を、初めにまとめて箇条書きします。

①具体性を心がける
②文は短く
③文の見た目（ビジュアル）に配慮
④文の音感（リズム）に配慮

①の具体性からです。起承転結の「転」が、題材の中心であると、強調してきまし

た。「転」では特に具体性を心がけます。それにはどうするか。

自分の書こうとすることを、しつこく自分に問うことに尽きます。

例えば、電車の中にいた、落ち着きのない男のことを書きたいと思う。私の中で、次のようなやりとりが、始まります。

落ち着きがないってどういうこと?

何ていうか、挙動不審ていうか。片時もじっとしていないのよ。

じっとしていないって、どんなふう?

例えば、車両の端から端まで、一直線に突っ切っていったと思ったら、回れ右して元の方を向いて、前のめりに戻ってきて、急に立ち止まって、網棚の上の新聞を取って、表から裏からひっくり返して、また網棚に投げ上げるのよ。

後の方で答えたことが、具体性なのです。会話で、例えばと言って話す、その例えばによって導かれることが、具体性です。それを書き込みます。

落ち着きのない、挙動不審な、といった形容詞、形容動詞だけですまさない。名詞と動詞です。車両を突っ切る、新聞を投げ上げる、のように、名詞と動詞で組み立てていくのです。形容詞、形容動詞がいけないわけではない、けれど、形容動詞、形容詞で自分が表そうとしている内容を、名詞と動詞に移し替えて表現できないかと追求する。

それが具体性を心がけることです。

■15字から75字で「。」

②として、文を短くすることを心がけます。なぜか。意識しない限り、文章は長くなるものだからです。そして長くなるほど、誤読される可能性が高くなるからです。短くとは、どれぐらいがめやすか。端的に言うと、一文が15字から75字くらいまでです。

これまで例に引いた私のエッセイは、文庫本からとっています。文庫本は、1行が36字から40字です。

今回、改めて見直すと、1行に一回か二回句点のあることが多い。たまに、2行に一回です。3行にわたる文もありますが、途中に……が入って、文をいったん切るのに準じたものになっています。

75字の文は、たまに出てくるのはよいけれど、続けて並べることはしません。続けると、読み手には負担です。

15字から75字くらいの間で、長短をとり混ぜる。そのような配置を心がけます。

一般に用いられる原稿用紙は、1行が20字です。それで書くなら、2、3行に一回は文を切る意識です。

さきに、他の文芸の方法との比較で、フィクションとの違いを感じた話をしました。枠組の文と、私の中で位置付けているものを、フィクションでは取るようにと、小説を編集する人から言われた経験です。

もうひとつ言われたのが、文章を長くする、ということです。

そう言われて私は、小説家はどのように書いているのか、例として谷崎潤一郎の『細雪』を読みました。文章の長いことで知られる人だからです。

一文が、実に400字近いものもありました。それはたいへんに行き届いたものでした。主語と述語の関係や、言葉の係りや受けの関係で、迷うことはありませんでした。

読点を頻繁に入れていること、接続助詞を的確に使っていること、セリフを「」で括らずに文の中に流し込み、その上で、どこからどこまでがセリフかわかるようにしてあることが、長くて、かつスムーズに読み進められる文章を可能にしたのだと思います。流れに運ばれていくような、心地よさのあることも知りました。

そう知って私は、エッセイにおいても、ときどき長い文を試みるようになりました。それでも、130字くらいまでです。

長い文を、いっきに読んでもらうためには、読み手が降りてひと息つきたいけれど降りられぬ苦しさが快感に変わるような、文章のうねりから振り落とされそうになりながら乗り続けている危うさが気持ちよさと感じられるような、そういった文でないといけません。何が書いてあるか、わからなくなりはしないことは、言うまでもありません。

400字近くもの長い文のすみずみに、そこまでの神経を張りめぐらせるのは、至難の業です。

高い技術への挑戦も、文芸の芸の追求ではあります。が、基本はやはり、自分の制御を超えない長さの文章で、書くことです。

付け加えれば、全体の長さとの関係もあります。800字から1600字ぐらいのエッセイで、一文が400字近いものが出てくるのは、アンバランスです。

■余白を作る

③は、文の見た目に配慮することです。

読みやすさを高める工夫を、ずっと述べてきましたが、何が読み手の読む気をなくさせると言って、はしからはしまで隙間なく文字が詰まっていることほど、なくさせ

るものはありません。それを避けるには、
●ところどころに改行を設ける。
●「　」で括る。

改行すれば、余白ができます。「　」があれば、見た目に変化が生まれます。読み手にとっては、ビジュアル的にひと休みできます。読み手の負担を減らすのです。声にされたセリフがなかったらば、心の中のつぶやきを、「　」で括って出してもいい。格言を括ってもいい。何かからの引用を、「　」にすることもあります。そのようにして、会話のないエッセイでも、見た目の変化をつける努力をします。

声にされたセリフを、「　」で、心の中のつぶやきや感じたこと考えたことを（　）でと使い分けて、二種類を用いることもあります。

「自慢の菜園」（153〜155頁）に例があります。このエッセイには、声にされた会話はひとつもありません。「　」で括られているのは、貼り紙でのやりとり、俳句の引用、（　）で括られているのは、私の内心のつぶやきです。

（あれ？）

「朝顔につるべとられて貰い水」

「人が丹精こめて育てたトマトを盗んで、そんなに楽しいか!!!」


「」や（）は、見た目を賑やかにし、エッセイに活気を与える効果もあります。それだけに、多用すると、エッセイが軽佻浮薄な印象を与えかねません。

また、かんじんなところの「」が際立たなくなるおそれもあります。かんじんなところとは、例えば常套句を「」で括り、パロディ化したい場合です。この章の前半で述べました。そういった、特別な効果を狙った「」が、利きにくくなりかねません。

私も以前は、「」（）を少々使いすぎていたと、率直に言って思います。

付け加えれば、メールによく見られる顔文字は、使いません。そこを言葉で書くのが、文の芸です。(笑)(泣)も避けます。使うことがあるとしても、ある程度の長さのあるエッセイ、しかも連載や本においてのみです。単発の、そして800字から1600字くらいのエッセイでは、使わないものと心得ます。

■頭への入りやすさは声で確認

④は、文の音感への配慮です。リズムです。

スムーズに読み進められるために、ビジュアルだけでなくリズムの面からも、読み手の負担を軽くする配慮をします。

リズムよく読める文は、読み手の頭に入っていきやすいのです。内容は、いささか共有しにくいことでも、抵抗なく読めてしまう。

エッセイは韻文ではなく、散文です。たまに、七五調に近いエッセイ、ほとんどの語句を五音か七音にしているエッセイもありますが、あまりにも定型的なリズムに仕上げてあると、かえってきゅうくつに感じられます。定型的になり過ぎない範囲で、リズミカルに整える。

一例を挙げましょう。第一章に引いた「おいしい水で」からです。

ミネラルウォーターの、二リットル入りペットボトルを、試しに一ダース購入した。

これがまあ、使うこと使うこと。お茶にご飯に味噌汁に。

自分で書いている文のリズムを確認するには、声に出して読んでみるのが、いちばんです。私も書きながら、呟いています。知らず知らず喉を使っていて、執筆中にかかってきた電話をとると、すぐにはかすれ声しか出ないほどです。

■息継ぎしたくなったら「、」

声に出して無理なく読めるなら、おそらくは、人間の生理的なリズムに合っている。読み手にとってもそうであろうと期待できる。

読んでいて、息継ぎをしたいところに、読点を入れます。例文で、「ミネラルウォーターの」と「二リットル入りペットボトルを」の間に「、」があるのは、それなしで「ミネラルウォーターの二リットル入りペットボトルを」とひと息で言うのは苦しいと、自分で感じたからでしょう。

読点は、意味のまとまりごとに入れると、学校では教わりました。が、意味のまとまりごとに入れるもの、とだけとらえていると、読点と読点の間が長くなりがちです。リズムとしては、苦しくなる。

意味のまとまりごとだけでなく、息継ぎをしたいところにも、読点を入れる。そうすると、生理的に自然なリズムの文になります。

「何？　ある、ある、へえーっ、そうなんだ、それでかぁ！」

■よいタイトルとは

最後に、結びとタイトルのことを話します。タイトルとは、エッセイの題です。

結びについては、第一章で述べたことを思い出してください。

結論と考えないことです。起承転結の「結」がだいじという呪縛から、自分を解放する。エッセイでは「結」はそれほどだいじではない。テーマが与えられている場合は、テーマと関係していることを、それとなく指し示す一文を置く。テーマが与えられていない場合は、「転」の納まりがよくなる一文を置く。テーマが与えられている場合、いない場合のどちらも、「結」を「起」と、それとなく呼応するように整えられるか、そこまで作り込まなくても、文末だけ据わりをよくするくらいに考えて、力を抜こうと述べました。

結びは、結論ではありません。

並べて言うと、タイトルは、テーマではありません。

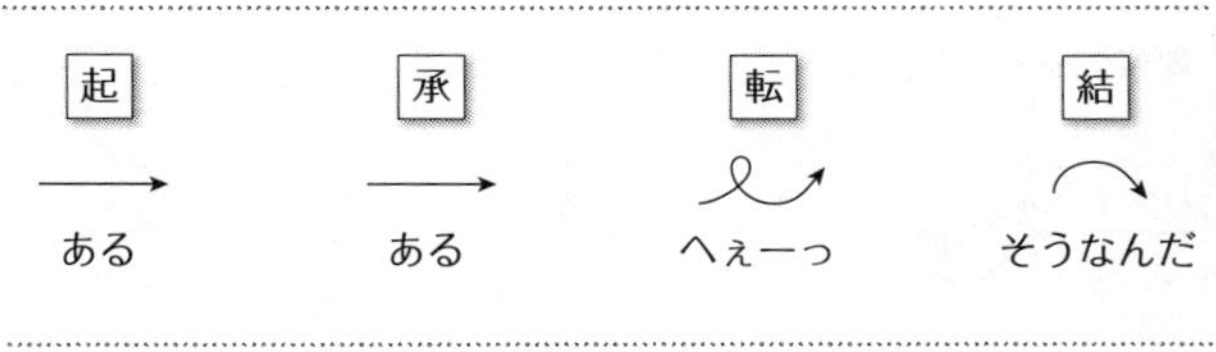

テーマが与えられていても、そのままをタイトルにせず、自分で何か他のタイトルをつけます。「母」というテーマを与えられても、「母」がタイトルではないのです。

よいタイトルとは、次のようなものだと私は思います。

●凝り過ぎない。書き出しは凝りすぎないと、第三章で述べました。それと同じです。

●すべてを言い尽くさない。言い尽くすと読者は、何が書いてあるかを、読む前からわかった気になってしまい、読む意欲をなくしかねない。それは避けます。

●興味をそそる。

●ひねりや、何かのもじりなど、そこはかとないユーモアがあればなおのことよい。なおのことよい、であって、必要条件ではありません。

理想のタイトルの環

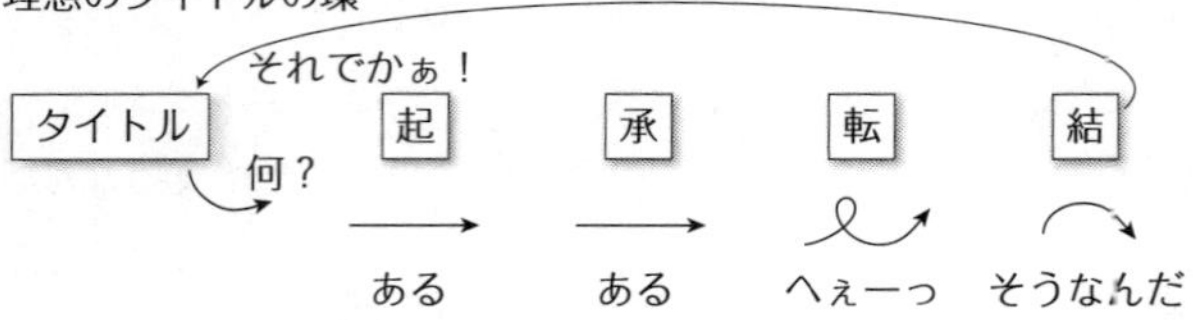

■読後、ひとつながりに

そして最後に付け加えるならば、エッセイを読み終わってみて、「なるほど、それでこのタイトルかぁ！」と腑に落ちる。これが理想のタイトルだと、私は考えます。

この本の初めの方で述べました。エッセイとはどういうものか。「ある、ある、へぇーっ、そうなんだ」を目指す文芸だと（217頁図）。

「ある、ある」が「起」「承」、「へぇーっ」が「転」、「そうなんだ」が「結」、そして読み終わって、もういちど「起」の前に置かれたタイトルを見たとき、「それでかぁ！」と腑に落ちる。

このタイトルは、読み始める前には、興味をそそるものでもあってほしいわけです。すべてを言い尽くさない。「何？」と思わせて、ひき込む。

タイトルで「何？」と入って、「ある、ある、へぇーっ、そうなんだ」を経た後、タイトルに戻ったとき「それでかぁ！」とひとつながりになる（右図）。

この「何？　ある、ある、へえーっ、そうなんだ、それでかぁ！」の環《わ》ができる。「起」の前にあるものにして、「結」の後とひとつに重なるもの。それが理想的なタイトルだと思います。

推敲は不可欠のプロセス

■メモ書き、下書き、本書き、直し

読みやすさを高めるための工夫を、たくさん挙げてきました。大きいものから小さいものまでありました。

エッセイは、筆に随うにあらず、と述べました。筆のおもむくところに随って、これら大小の工夫をいちどきにできる人は、まずいません。私もできません。

推敲が必要です。ここまで挙げてきたことと照らし合わせて、自分の文章を、いまいちど点検、リライトします。

書いた直後にはしません。直後だと、書いていたときの興がまだ、自分の中に残っていて、その興の続きで読んでしまうからです。

いったん間を置きます。間を置くとは、自分の書いたものに距離をとること、少しでも他者に近づくことです。自分ノット・イコール他者という断絶は埋められないにしても、できる限り、他者の側に身を置く努力をして、読みます。

私はどんなに短いエッセイでも、最低三回は書きます。一回めは紙に。原稿用紙ではない、無地の紙です。原稿用紙ではないけれど、メモではなく、文章をなした、下書きといえるものです。

二回目を、下書きに対する「本書き」と、自分の中では位置付けています。これは、パソコンですることもあれば原稿用紙でのこともあります。

三回目は直しです。パソコンなら、「本書き」を画面に出して、初めから終わりまで、全体を上書きする形でリライトします。原稿用紙なら、本書きに加筆修正し、加筆修正ですまなければ、別の原稿用紙に書き直します。

この三回に先立つ作業があります。一回目の前に、フローチャートのようなメモ書きを作ります。文章にする前の、話のかたまりを決める作業です。

■距離をとって向き合う

また、本書きの後、直しとの間には、時間を置くことが必要です。ひと晩置いて次の日にできるよう、締め切りから逆算して、スケジューリングします。

パソコンで本書きをしたものならば、いったんプリントアウトし、紙で読んでから直すこともあります。

日を違えたり、わざわざいったんプリントアウトしたりと、さまざまな仕掛けをするのは、くり返しになりますが、少しでも他者に近づくため。それだけ読み手になったつもりで読むことが、容易ではないと感じているのです。

誰だって、自分の書いたものを読み返すのは、嫌です。どんな短いものでも、ひとつのエッセイを書き上げたときは、達成感がある。達成感のピークで終わらせたい。もう解放されたいのです。

タイトルで環がつながった瞬間、自分を常に制御し続けてきた緊張が、ひきかえに途切れそうになる。そこでまた一から向き合い直すのは、自分の首根っこを自分でつかんで、無理やり引き戻すくらいの、エネルギーが要ります。でも、そこが辛抱のしどころです。

書くプロセスの中で、もっとも興がわかない推敲こそが、読みやすさを高めるための、必要にして不可欠なプロセスであると、ほんとうは自分で知っている。なので、逃れるわけにはいきません。

いかに苦痛であろうとも、覚悟して取り組むほかはないのです。

終章　ひとたび脳を離れたら

エッセイを書くとき、私の頭の中で起きていることを、とらえ直し、分析してきました。

多くのはたらきは、読みやすさを高めるために、向けられていました。

その結果、読みやすさが実現されているかどうかは、書き手の脳をいくら解剖しても、わかりません。

アウトプットしたものを、他者がどう受け取るかに、委ねられます。

この本を読んで、エッセイを書いてみようと思ったかたは、推敲の後、できれば人に読んでもらってください。

読むことの専門家、書くことの専門家でなくて結構です。専門家でない方が、むしろいいと思います。

自分の書いたつもりのことと、まったく違う読み方をされることがあるでしょう。

そのとき、相手の読解力の不足のせいにしてはならない。一人がそう読んだなら、自分に反応の返ってこないところへ、その文章が出れば、同じ読み方をする人が、十人、百人といる。そのように読まれる可能性が、自分の文章に内包されているということです。

エッセイは、不特定多数の他者に読まれます。一人一人に、

「私の書こうとしたのはこうこうで」

と頭の中での営みを説明して回ることはできません。文字になったものが、すべてです。

ひとたび脳の制御下を離れたら、次に書くもので、誤読の余地の少ない文章を目指す他は、ないのです。

それがすなわち、文芸の「芸」を高めていくことだと考えます。

文庫版あとがき――レアな文章読本と思いたい

今日一日、この一週間でもいいです、電話をしていた時間とメールやラインをしていた時間と、どちらが長いですか。私は圧倒的に後者です。

文字で言葉をやりとりする機会がこれほど多いのは、近現代の作家が文章読本を著した頃にはなかった状況といえるでしょう。限られた字数で伝える技術が、文学に特段興味のない人にも求められています。

ネット空間にはツイッターやブログが溢れ、書きたい人はこんなにも多いのかと驚きます。でもそれが受信者のいるんだかどうかわからないブラックホールに向けて叫ぶようになるのは、さびしい。一億総文字発信ともいえる時代ですが、読んでもらえないことにははじまりません。

伝わる文章、読まれる文章を書く上でのヒントに、この本がなれば幸いです。

儀礼的に言えばそうですが、ホンネはあんまり身に着けてほしくない。誰もが不特定多数に向けて発信できる今の状況は、エッセイを業とする者にはひとつの危機です。エッセイ、ことに私の書いているような生活エッセイでは、題材は身近な「あるある」。似たような題材は誰もが持っている。しかもブログはタダで読め、本はお金を出し買っていただくもの。割高感があると言われたら、どう反論したらいいか。

そうは言ってもプロとアマの違いはあるでしょう？　私もそう思いたいし、内心思っているけれど、では何が違うかと問われたら、ひとことで答えるのは難しいです（編集や校閲など第三者の目を通るという違いはありますが、それはひとまず横に置きます）。私ももとはアマチュアですし、いつをもってプロになったといえるか曖昧。エッセイストに技能資格はなく、従って資格試験対策のための確立された勉強法はなく、私も体系的に学んだことはないと、本書の冒頭に述べました。小説の世界でのプロへの登竜門とされている賞にあたるものもない。

そうした状況の下、エッセイを成り立たせるものは何だろうと、死活問題として考えたわけですが、それを全部このように公開してしまっては、いよいよ自分の首を絞める気が……。せめて、名だたる作家の文章読本を出している中公文庫の棚に並ぶことをリスクの対価、いえ、よろこびとします。

その問題と向き合う必要に迫られたのは、関西のとある教育機関で授業を持ったことでした。この本を書くきっかけでもあります。

少し前のことになるのでもうよいだろうと、そこに到る裏話を書きますと、恩ある人から、その教育機関で文芸創作のカリキュラムを作ることになったので私にも何か担当するよう言ってきたのです。「絶対無理です」と拒みましたが、「もう講師名簿に載せて提出してありますから」と押し切られ、それが苦悩のはじまりでした。

九〇分×四コマも、話せることなんてない。

文章読本を出さないかとのお誘いは、それまでにもいくどか受けていました。エッセイストとして長年仕事をしているのだから、自分の毎日していることを、そのまま書けばいいと。そのたびにちぎれそうなほど激しく首を横に振ってきました。

長年だからこそ毎日しているからこそわからない。たぶん手仕事の職人さんに改めて「どうやって作っているんですか」と聞くと返答に窮するだろうと思いますが、それと同じです。経験と勘をもとに無意識でしていることを言語化なんて、とてもできない。

断るなら早くと思っていると郵便が来て、玄関先で封筒にその教育機関の名を目にしたとき、めまいがしました。それからは食事が喉を通らず、立ちくらみが頻発する日々です。教育機関を明示しないのは、名を見ただけで具合が悪くなったなんていくらなんでも失礼だろうから。先方には何の非もないのに。

這々の体で病院に行くと、胃潰瘍と潰瘍からの出血による貧血でした。えぐれが進み皮一枚でつながっている状態だそうで、ここまで深い潰瘍は今どきめずらしいと、担当医。ストレスで胃に穴があくって、話には聞いていたが本当だなと、身をもって知りました。

かくなる上は関西まで赴き、直に詫びを入れて辞退しよう。体を壊したことでむしろ話をしやすくなった。仁義の上からまずは紹介者に知らせて、と電話をすると「具合が悪い中わざわざ新幹線に乗っていくより、授業の準備をした方が早いでしょう」。視界が暗くなったのは、めまいのせいばかりではありません。退転の道は閉ざされた、胃に穴があこうが何しようが、やるしかない、自分を救う方法は、万全の準備で授業に臨む、それしかないのだ！

エッセイを書くとき、私の中でいったい何が起きているのか。どういう頭の働かせ方をしているのか。無意識と自分では思っている脳を、いわば解剖し、検証する作業に着手しました。仕組みがなんとなくつかめたところで、それを人に伝えるにはどういう例がわかりやすいか。世のエッセイの書き方の本には、カルチャーセンターの生徒の作品を例にとるものが多いようですが、この場合は、自分の頭の中身を説明しますから、自分の作品に即してでないと。検証に続き、そのことを端的に表す例を過去の作品に探すので、予想以上に時間とエネルギーを消費する作業となり、九〇分一コマの授業のノートを作るのに朝十時から夜十一時までかかり、掛けることの四コマで四日間それを続けました。

行にも等しい四日間の過ぎた後、私の心境に変化が生まれました。ここまで力を入れて準備したノートを、九〇分×四の三六〇分ただ読んでおしまい、にはしたくない。逃げることばかり考えていたときにはなかった、「転んでも何かをつかんで立ち上がる」的な欲と根性とがわいてきました。とりあえず録音しよう。教育機関の許しを得て、パスポートベルトにレコーダーを入れて、腰に巻いて授業に臨みました。机の上に置くことにしなかったのは、板書のためあちこち動くからです。対面恐怖症の気のある私は、生徒さんの視線が注がれる瞬間どっと汗が噴き出ますが（講演でも必ずそう。目の前にカメラしかいないテレビではまったく平気）、緊張の中にもレコーダーのスイッチをオンにすることは忘れませんでした。録音をテープ起こしし、授業に準備したノートを読み返しつつ書き下ろしたのが、本書です。

きっかけを作ってくれた人と教育機関と、授業に耳を傾けて下さった生徒さんには心よりのお礼を、という謝辞のみでは、この本を結べません。文字どおり血を流した本。エッセイスト本人が自らの作品を例に、いわば自らを腑分けして書いた点で、たいへん稀な文章読本であると申し上げたいです。

岸本葉子

本書は二〇一〇年四月に中央公論新社から刊行された
『エッセイ脳――800字から始まる文章読本』を改題し、
文庫化したものです。

中公文庫

エッセイの書《か》き方《かた》
——読《よ》んでもらえる文章《ぶんしょう》のコツ

2018年8月25日　初版発行

著　者　岸《きし》本《もと》 葉《よう》子《こ》

発行者　松 田 陽 三

発行所　中央公論新社
〒100-8152　東京都千代田区大手町1-7-1
電話　販売 03-5299-1730　編集 03-5299-1890
URL http://www.chuko.co.jp/

DTP　平面惑星
印　刷　三晃印刷
製　本　小泉製本

Published by CHUOKORON-SHINSHA, INC.
Printed in Japan　ISBN978-4-12-206623-6 C1195

岸本葉子＊好評既刊

生と死をめぐる断想

人はどこから来てどこへ行くのか？　がんを経験した著者が治療や瞑想の体験や仏教・神道・心理学の渉猟から、生老病死や時間と存在について辿り着いた境地を語る。

二人の親を見送って

老いの途上で親の死は必ず訪れる。介護や看取りを経て、変化するカラダとココロ、人と自然のつながりを優しく見つめ直す感動のエッセイ。

カフェ、はじめます

イケてない40代独身女子が、かわいい古民家にひと目惚れ。おむすびカフェ開業を目指すも、ドタバタ騒動に。初の書キ下ろし長編小説。

捨てきらなくても いいじゃない？

何を捨てたらいいかわからない？　ココロとカラダの変化にあわせてモノに向き合い「持ちつつも、小さく暮らせる」ライフスタイルを提案。

50代からしたくなるコト、なくていいモノ

今だから、わかる。なりたかった私。今からなら、できる。悔いのない日々への準備。確かな自分の生き方をみつけるヒントが満載！

四六判単行本